Politische Predigten

zum Zeitalter des Zorns

Michael Pflaum

Politische Predigten

zum Zeitalter des Zorns

Bibliographische Information der Deutschen Nationalbibliothek
Die Deutsche Nationalbibliothek verzeichnet diese Publikation
in der deutschen Nationalbibliographie; detaillierte
bibliographische Daten sind im Internet über http://dnb.d-nb.de
abrufbar

© 2017 Michael Pflaum
Herstellung und Verlag:
BoD – Books on Demand, Norderstedt

ISBN: 9783744889575

Inhalt

5

Vorwort

Ein neues Zeichen der Zeit tritt immer deutlicher hervor: Der Zorn, der sich im Erstarken von populistischen Parteien äußert und noch zerstörerischer in terroristischen Aktionen. Der indische Soziologe Mishra hat mit seinem Buch „Das Zeitalter des Zorns" aufgezeigt, dass dieses Dilemma die ganze Moderne prägt. Wie können Christen auf dieses herausfordernde Zeichen der Zeit antworten?

Drei Predigten fassen auf verschiedene Weise Mishras Analyse zusammen: Das Zeitalter des Zorns – ein Zeichen der Zeit. Mishras Thesen. – Voltaire, Rousseau oder das Dilemma der Moderne – Terrorismus ist ein Phänomen der Moderne.

Vier Predigten versuchen, mit anderen Sichtweisen den heutigen Zorn zu verstehen und Auswege und hoffnungsvolle Alternativen aufzuzeigen: Aufstieg und Niedergang des Neoliberalismus – Hoffnungsvolle Impulse für die Zukunft – Von Grillen, Ameisen und Mäusen – Nährboden für Populismus – Terrorkrieg: Die ich rief, die Geister, werd ich nun nicht los!

Die anderen Predigten thematisieren auf verschiedene Weise, wie eine bestimmte Haltung dem zerstörerischen Zorn entgegen wirken kann.

Offene Geschichte (2 C)

Joh 2,1-11

Mit ca. 14 Jahren reiste ich mit einer Gruppe Jugendlicher, geleitet von den Franziskanern, nach Assisi. Es war eine wunderschöne Jugendreise: Gemeinsame Gottesdienste, Bibelgespräche, Kirchenbesichtigungen. Viel Plausch und Gesang! Aber eben auch religiöse Gespräche, die ungeplant in der Gruppe zwischen Teilnehmern entstanden. Ich weiß noch, dass mir in einem solchen Gespräch über unseren Glauben folgender Gedankengang kam:

Gott hat einen Plan mit mir. Er gibt mir Begabungen. Er beruft mich zu etwas. Das ist ja auch Lehre der Kirche. Jedoch: Was ist, wenn etwas schief läuft? Wenn ich durch eine ungünstige Entwicklung z. B. ins Gefängnis komme? Habe ich dann meinen vorgesehenen Plan verfehlt? Viele traditionell Gläubige würden sagen: Ja, dann hast Du Dein göttliche Berufung nicht erreicht. Ich meinte aber in diesem Gespräch folgendes: Gott wird mir einen neuen Plan geben, er wird seine Berufung anpassen. Denn ich kann ja auch im Gefängnis als Christ leben. (Man denke nur an das Dominikanerlaienkloster in einem amerikanischen Gefängnis, deren Mitglieder nur Insassen sind.) Mein Gesprächspartner fand diese Vorstellung einen sehr beeindruckenden und barmherzigen Gedanken.

Ich bin, seitdem ich diese Hypothese damals aufgestellt habe, auch davon überzeugt. Sie hat auch mein theologisches Denken mitgeprägt.

Diese Vermutung – Gott passt seine Berufung an, wenn etwas in meinem Leben schief läuft – ist befreiend! Denn das Gegenteil kann sehr einengend wirken. Stellen Sie sich vor, Sie haben die Vorstellung, Gott habe in die Welt genau eine Frau/Mann gesetzt, die/der Ihr idealer Partner ist. Wie sollen Sie Ihren einzigen idealen Partner aus Milliarden von Menschen auf der Erde herausfinden? Und woran erkennen Sie, dass es der von Gott gemachte ideale Partner ist? Manche warten ja wirklich immerzu auf den idealen Partner und verpassen dabei so viele mögliche reale Partner, mit denen eine Ehe schon klappen würde.

Diese Vermutung ist außerdem antiplatonisch: Die landläufig platonische Vorstellung geht ja genau davon aus, dass Gott uns Ideale vorgibt, Ideale von Gerechtigkeit, von Liebe, von einem gelingenden Leben, Ehe usw., denen wir uns in unserem irdischen Leben immer mehr annähern sollen. Aber mit meiner Vermutung ist das Erste nicht die Idee sondern die Wirklichkeit. In der Wirklichkeit müssen sich dann im zweiten Schritt die passende Entwicklungspotentiale dieser Wirklichkeit zeigen. Genauso verfährt der Drei-Schritt der CAJ und der Pastoralkonstitution: Sehen – Urteilen – Handeln. Nicht: Ideal – Urteil – Wirklichkeit korrigieren.

Diese Vermutung verändert auch im Kern das Gottesbild. Ohne dass ich es damals ahnen konnte, habe ich mit meiner Vermutung mein Gottesbild verändert. Erst später lernte ich das Gottesbild der Prozesstheologie kennen, die vom Philosophen Whitehead ausgeht. Für Whitehead ist Gott so eng mit der Welt verbunden, dass er alle Prozesse dieser Welt erfährt, um sie weiß und deswegen in jedem neuen Moment neue kreative Impulse zu einer neuen besseren Entwicklung geben kann. Impulse, die nicht aus einem statischen Ideal kommen, sondern Impulse, die zu der jeweiligen Situation passen. Wir Menschen verspüren diese göttlichen Impulse z. B. in unserem Gewissen oder unserer Intuition.

Diese Vorstellung verändert aber auch das Menschenbild. Es offenbart uns unsere Freiheit und Verantwortung. Im platonischen Modell müssen wir einem Ideal nachkommen. Es geht um Erfüllung einer Vorgabe. Wenn Gott aber quasi flexibel seine Berufung mit dem Fluss meines Lebens entstehen lässt, dann muss ich achtsam meinen Lebensfluss reflektieren. Und ich kann in Situationen kommen, in denen ich nicht weiter weiß, in denen ich zaudere und zögere, in denen ich mich entscheiden muss.

Um den entscheidenden Punkt dieses Themas klar zu machen, muss ich zwei Sichtweisen darlegen: Die Sichtweise im Rückblick und die Sichtweise im Fluss der Ereignisse. Mir wurde diese Differenz zwischen den zwei Sichtweisen klar, als mir ein Freund ein Beispiel aus der Geschichte erzählte. In der Reformationszeit gab es auch reformatorische Bemühungen in Irland. Im Rückblick kann der Historiker viele Gründe finden, warum in Irland die Reformatoren scheiterten. Aber Rückblick erscheint alles als eine völlige klare Entwicklung – konnte ja gar nicht anders laufen... Jedoch wenn man genauer hinschaut, entdeckt man eine Phase, in der nicht klar war: Wird Irland vielleicht doch protestantisch oder Teile davon oder bleibt es katholisch? Die Menschen, die damals um den rechten christlichen Glauben stritten, konnten in dieser Phase nicht übersehen, wohin die Entwicklung gehen würde. D. h. in dieser Phase war die Entscheidung offen. Wenn man Mensch, Akteur in dieser Phase war, wenn man im Strom der Zeit damals selber schwamm, konnte man nicht wissen, wohin es ginge. Diese Akteure mussten sich entscheiden. Im Rückblick „erscheint" alles als Abfolge verschiedener Phasen, die durch viele Gründe verknüpft sind. Aber dieser Rückblick ist nachträglich und ein bisschen illusorisch. Er verdeckt die Offenheit des Prozesses an den Wendepunkten! Zizek schreibt zu solchen Momenten: „Dieses [...] Moment der Offenheit konstituiert das Moment der Subjektivität: „Subjekt" [...], das in einem solchen Moment der Unentscheidbarkeit aufgerufen, plötzlich verantwortlich gemacht, in die Dringlichkeit der Entscheidung geworfen wird."[1] Einfacher ausgedrückt: In solchen Momenten zeigt sich meine Verantwortung, in Freiheit zu handeln. Ich bin dann besonders Mensch, weil ich entscheiden muss. Ich bin Subjekt!

Jesus meint bei der Hochzeit zu seiner Mutter: Meine Stunde ist noch nicht gekommen! Dieser Satz klingt nach dem alten Modell:

Jesus folgt einem vorgefertigten Plan, den Fahrplan Gottes für ihn. Aber dann entscheidet er sich doch anders. Er schaut auf die Situation und entscheidet sich, das Wunder zu vollziehen. Er handelt als Subjekt nicht mehr als Planerfüller oder Folger einer tiefen Notwendigkeit!

Auch die Lehre der Charismen, der Gnadengaben, die Paulus in der Lesung vorstellt, führt uns zu diesem neuen Verständnis vom Menschen. Die Charismen sind Potentiale, die wir im Leben verantwortlich gestalten und wachsen lassen sollen. Aber wie sie in meinem konkreten Leben wachsen und gedeihen, das ist ein Abenteuer, das ich als Subjekt mit mir selber, mit der Zeit, mit der Kraft des Heiligen Geistes eingehe.

Und das gilt für die ganze Weltgeschichte und Gott selbst: Gott geht eine Beziehung mit der Welt ein, die ein Abenteuer ist: "Er ist der Poet der Welt, leitet sie mit zärtlicher Geduld durch seine Vision von der Wahrheit, Schönheit und Güte."[2]

Das Zeitalter des Zorns – ein Zeichen der Zeit. Mishras Thesen (33 A)

Mt 25,14-40

Viele Bibelwissenschaftler sind sich einig, dass das gehörte Evangelium kein Gleichnis über das Reich Gottes ist, sondern ein Gleichnis über die ungerechte Welt, die die Zuhörer Jesu erlebten. „Wer hat, dem wird gegeben, und er wird im Überfluss haben;" - siehe Großgrundbesitzer, die zu Wucherzinsen Geld verleihen. „Wer aber nicht hat, dem wird auch noch weggenommen, was er hat!" – dem kleinen Bauer, der sein Land durch eine Missernte verloren hat.

Das beschreibt jedoch auch ziemlich genau unsere kapitalistische Welt! Die Superreichen werden immer reicher und die Ärmsten der Armen kommen oft nicht aus dem Teufelskreis der Armut heraus! Da könnte man wahrlich zornig werden!

Der Zorn prägt unsere Gegenwart. Und er entlädt sich immer mehr auf erschreckende und nicht konstruktive Weise! Er entlädt sich bei Wählern, die für Donald Trump oder den Brexit oder die AfD gestimmt haben! Noch schlimmer und zerstörerischer entlädt er sich in terroristischen Gewalttaten von Al Kaida und IS, in Kriegen in Syrien oder Ukraine, in strategischen Machtspielen zwischen Schiiten und Sunniten!

Der Zorn und die Gewalt sind zu einer neuen Herausforderung der Gegenwart geworden. Mit der Pastoralkonstitution würde man sagen: Es ist ein neues Zeichen der Zeit, das uns Christen herausfordert! Deswegen werde ich nicht nur heute dieses Thema in Predigten aufgreifen, weil es ebenso ein neues Zeichen der Zeit ist wie der Klimawandel!

Der indische Intellektuelle Pankaj Mishra will in seinem Buch: „Das Zeitalter des Zorns. Eine Geschichte der Gegenwart." dieses neue Zeichen der Zeit verstehen und analysieren

Ich möchte heute seine wichtigsten Thesen vorstellen.

1. These: Profitierende und Abgehängte Mishra erläutert diese These im Spiegel-Interview: „Ich glaube, dass man die heutigen politischen Verwerfungen nicht mehr entlang der Unterscheidung zwischen rechts und links erklären kann. Ich würde eher sagen, dass wir zwischen einer Klasse von Menschen unterscheiden sollten, die von der Globalisierung profitiert haben, die weltweit vernetzt und gut ausgebildet sind. Die in den prosperierenden Städten leben. Und einer Mehrheit der Menschen, die sich von dieser Klasse abgehängt und betrogen fühlen. Die sich als Opfer sehen, die aus den ländlichen Gebieten kommen. Überall auf der Welt."[3] So wie in unserem Gleichnis: der ängstliche Diener wird ausgestoßen.

Mishra kommt selbst aus einem kleinen indischen Dorf im Himalaya und genoss durch seine Eltern eine vormoderne Erziehung. Er hat zwar durch Fleiß, Intelligenz aber auch durch Glück, wie er betont, den Aufstieg geschafft. Aber er kennt so viele junge Männer aus seiner Heimat, die nicht so viel Erfolg hatten wie er und die innerlich zerrissen sind. Denn:

2. These: Die moderne Zeit, also unsere Epoche, drängt jeden zur Entfaltung. Mishra im Spiegel-Interview „In der Moderne ist die Befreiung ja zu einer Art Pflicht des Individuums geworden. Junge Männer müssen die Vergangenheit hinter sich lassen und sich aufmachen in ein neues Zeitalter, um neue Möglichkeiten der Selbstentfaltung und Ausdehnung zu erschließen. Das birgt viele Möglichkeiten der Enttäuschung. Wenn die Gesellschaft etwa noch nicht weit genug entwickelt ist, diese Bedürfnisse aufzufangen." Mishra untersucht die verschiedensten frustrierten jungen Männer, deren Zorn mit Gewalt ausbricht. Er nimmt die letzten zwei Jahrhunderte in den Blick: Deutsche Befreiungskämpfer gegen Napoleon, russische und italienische Anarchisten, japanische Nationalisten, amerikanische Attentäter, militante Hindus, radikale Iraner, Islamisten verschiedenster Couleur.

3. These: Zwiespältiges Verhältnis zur Moderne Die Nachkommenden, seien das nun einzelne Menschen oder ganze Nationen und Völker, zeigen immer wieder ein zwiespältiges Verhältnis zur Moderne auf. Auch Deutschland durchlitt dieses zwiespältige Verhältnis zur Moderne im 19. Jahrhundert. Intellektuelle wie Herder oder Fichte waren erst begeistert von der französischen Revolution und dann entsetzt über die Expansion Napoleons. Ein Schwanken zwischen Faszination und Ablehnung und eine Suche nach dem Eigenen, dem Identitätsstiftenden. Das finden wir dann auch bei den Romantikern, bei Richard Wagner, in der Bismarck-Politik. Für Mishra ist gerade das deutsche Beispiel sehr erhellend. Mishra im Spiegel-Interview: „Deutschland hat sich selbst lange als „verspätete Nation" gesehen. Als Land, das spät in die Moderne eingetreten ist, das spät zum Nationalstaat wurde. Länder mit dieser Geschichte haben oft das Gefühl, ihnen bleibe keine Zeit mehr. Alles müsse jetzt schnell gehen, Kolonien müssen her, Industrialisierung, starke Armeen. Sie müssen von den Feinden lernen. Das lässt sich im Deutschland des 19. Jahrhunderts beobachten. Dann in Japan, das sich an Deutschland orientiert. Und dann kommen viele andere Länder in Afrika und Asien. SPIEGEL: Sind die „verspäteten Nationen" möglicherweise der Normalfall? Und nicht Frankreich, England oder die Vereinigten Staaten? Mishra: Ganz genau! Die amerikanische oder englische Erfahrung sind die historische Ausnahme."

Nach diesen drei Thesen möchte ich zwei Bemerkungen über Mishras Vorgehensweise anführen:
1. Mishra versucht eine Analyse der Gegenwart, in der er bewusst auch die Position der Schwächeren und Enttäuschten einnimmt. Er schreibt keine Siegergeschichte!
2. Mishra zieht viele Vergleiche und stellt seine Analyse in einen großen historischen Kontext, den er mit der Aufklärung beginnen lässt.

Die Stärke und das Erhellende seiner Analyse besteht genau darin: sein größerer historischer Kontext und seine vielen Vergleiche und Parallelen. Es ist wie mit verschiedenen Einstellungen einer Kamera: Ein Weitwinkelobjektiv liefert uns Bilder, die eine größere Gesamtschau liefern. Luftbildaufnahmen mit dem Weitwinkelobjektiv können uns größere Zusammenhänge in einer Landschaft zeigen. Jedoch Details und kleinere Differenzen können nicht erfasst werden. So ist es auch mit Mishras Analyse: Es ist eine Weitwinkelbetrachtung, die 250 Jahre in den Blick nimmt, um die Phänomene von heute zu verstehen. Nur unter dieser Perspektive kann er z. B. Ähnlichkeiten entdecken zwischen einem italienischen Führer nach dem I. Weltkrieg, namens D`Annunzio, der einen eigenen Staat errichtete, einem amerikanischen Terroristen namens Timothy McVeigh, der 1995 mit seiner Autobombe 168 Menschen tötete, dem Anarchisten Bakunin aus dem 19. Jahrhundert und dem heutigen Islamischen Staat.

Diese Ähnlichkeiten führen Mishra auch zu der erstaunlichen 4. These:

4. These: Terrorismus ist ein modernes Phänomen, nicht ein primär religiöses! Mishra in der ZEIT: „Wir haben uns bloß daran gewöhnt, zornige junge Männer, die gewalttätig werden, primär als Phänomen zu deuten, das etwas mit Religion, speziell dem Islam, zu tun hätte. Das ist intellektuell und politisch kontraproduktiv. Man ignoriert damit die lange Geschichte des Terrorismus, in der Religion nie eine entscheidende Rolle gespielt hat. Vielmehr hat das mit jungen Männern in ausweglosen Verhältnissen zu tun, die versuchen, Gefühle von Wut und Machtlosigkeit mit spektakulären Gewaltakten zu überwinden. Dieses Muster kann man bereits im 19. Jahrhundert beobachten: in Russland, Spanien, Italien und den Vereinigten Staaten. Menschen aller Religionen und Nationalitäten haben Terrorismus als Mittel benutzt, um politische Ziele zu erreichen oder um ihre

Verachtung für die Gesellschaft, in der sie leben, zu zeigen. Dieser Wunsch nach Zerstörung kommt nicht von außerhalb, sondern ist Teil moderner Gesellschaften."

Der Islam hat sicherlich genug Anhaltspunkte schon in seinen Ursprüngen, um ihn bei gewaltsamen Zorn-Projekten als Ideologie einsetzen zu können. Das hat z. B. der ägyptische Intellektuelle Abdel Samed in mehreren Büchern aufgezeigt. Jedoch bei komplexen Phänomenen können wir immer verschiedene Betrachtungsebenen nebeneinander benutzen. Eine „Weitwinkelbetrachtung" eines Mishra und eine „Religionswinkelobjektivbetrachtung" eines Abdel Samed ergänzen sich.

Jedoch Mishra legt uns mit seiner Analyse nahe: Der islamische Terrorismus ist nicht ein rein islamisches Problem. Die Moderne: das ist die moderne säkulare Kultur, die Aufklärung, der Siegeszug der modernen Technik, die wachsende kapitalistische Wirtschaft, die Globalisierung. Diese Moderne ist vor ca. 200 Jahren in die islamische Welt getreten ist. Und diese Moderne hat in der islamischen Welt aber auch in anderen Teilen der Welt terroristischen Entwicklungen hervorgebracht!

5. These: Die Arroganz der Vorreiter Und wie verhalten sich die Vorreiter, die Tonangeber? Sie finden eben nicht immer die guten Lösungen! „Mishra: Ich sehe überall – sei es in Indien, in Indonesien, in Europa oder den USA – eine Schicht von Intellektuellen, die eine teure Erziehung hatten, die die Privilegien der globalisierten Welt genießen und die glauben, für eine große Zahl von Leuten entscheiden zu können, was für sie richtig ist. Von den Entwicklungsprogrammen, die die sogenannten Schwellenländer ins 21. Jahrhundert holen sollen, über die Weltverbesserungsfantasien der IT-Industrie bis zu den Plänen, die politische Struktur von Staaten umzustürzen. Dieses Denken fängt bei Voltaire an. Die Idee, man könne die Aufklärung mit dem Schwert bringen. Intellektuelle, die sich mit der Macht verbünden, bilden eine problematische Konstellation. Damals wie heute."

Ausblick: Dann fragen wir uns natürlich: Wie kommen wir aus dem Dilemma heraus? Das fragte auch der SPIEGEL! „SPIEGEL: Was wäre denn die Alternative? Nicht die Welt verbessern zu wollen? Mishra: Es gibt Probleme, für die gibt es keine Lösung. Ich glaube, dass wir es hier mit einem grundlegenden Widerspruch der Moderne zu tun haben. Den muss man versuchen zu verstehen."

Man denkt nach diesem Statement wohl: Ja, wenn Du Gebildeter nicht weiter weißt, wer dann!? Jedoch im ZEIT-Interview zeigt er eine erstaunliche Lösungsspur aus der deutschen Geschichte auf: „Was mir zudem wichtig erscheint: Es waren vor allem christlich-demokratische Politiker, meist Katholiken, mit spezifischen Vorstellungen von menschlicher Würde und Menschenrechten, die eine entscheidende Rolle beim Wiederaufbau Europas gespielt haben. Das ist für viele Atheisten eine unangenehme Tatsache. Die Zeit nach 1945 als Siegeszug des Liberalismus zu bezeichnen, scheint mir daher nicht ganz akkurat zu sein."[4]

Ja Mishra. Danke für diesen Hinweis: Konrad Adenauer, Ludwig Ehrhard oder Charles de Gaulle waren geprägt von der Katholischen Soziallehre, die eine soziale Marktwirtschaft und nicht den reinen Kapitalismus propagiert. Diese Strategie hat über Jahrzehnten in Europa sozialen Frieden gefördert. Europa kann heute für andere Länder und die ganze Welt nur dann wieder ein heilendes Vorbild sein, wenn sie die soziale Marktwirtschaft im 21. Jahrhundert weiterentwickelt.

Um mit dem Gleichnis zu sprechen: Der Herr, der auf Reisen geht, ist nicht Gott, wie bei anderen Gleichnissen. Er ist der Markt, die unsichtbare Hand, die sonderbarerweise keine Gerechtigkeit und Gleichgewicht schafft, wie es uns die liberalen Wirtschaftsweisen weismachen wollen. Also müssen die drei Diener und insbesondere der reichste erste Diener dem vierten Diener beistehen. Erst dann entsteht das Reich Gottes und aus dem Zorn wird Versöhnung!

Voltaire, Rousseau oder das Dilemma der Moderne (6 C)

Lk 6,12-26

In der Aufzählung der berufenen Jünger bei Lukas erscheint Simon, genannt der Zelot. Simon hat also von der gewalttätigen Widerstandsgruppe in die religiöse Befreiungsgruppe eines Propheten namens Jesus von Nazareth gewechselt. Junge Männer suchten auch in der damaligen Zeit nach Veränderungen und Auswegen. Wie können wir die Fremdherrschaft der Römer überwinden? Durch Gewalt? Oder durch einen religiösen Weg und Freiheit auf einer anderen Ebene finden?

Daneben gab es auch Anpasser und Profiteure der römischen Fremdherrschaft: Die Zöllner, die im Auftrag der Römer Zölle erhoben. Der Hohe Rat, der sich mit Pilatus arrangierte. König Herodes, der mit den Römern zusammenarbeitete und dadurch seine lokale Macht sicherte.

Das Zentrum der Macht war Rom und der Kaiser. Die führende Kultur war die römisch-griechische Kultur mit ihren Philosophen, Dichtern, Theaterspielen und Wettkämpfen. Die anderen Völker und Kulturen standen vor der Wahl: sich integrieren in diese römische Kultur und aufsteigen oder sich davon absetzen? Und wenn absetzen: gewaltsam wie die Zeloten oder spirituell wie die Essener oder Jesus und seine Jünger?

Die jüdische Gesellschaft war innerlich zerrissen: Soll sie sich anpassen, Speisegesetze aufgeben, griechisch-römisch werden? Oder soll sie sich abgrenzen und ihre Eigenheit, ihre jüdische Religion und Kultur betonen? Ist es erlaubt, dem Kaiser Steuern zu zahlen? Schon diese Frage an Jesus zeigt die Zerrissenheit in der Gesellschaft.

Jedenfalls spricht Jesus in den Seligpreisungen die Benachteiligten an. Sie leben in einem Land, das am Rand eines Imperiums liegt. Das Zentrum nutzt solche Ländereien für die eigenen Zwecke aus. Und die lokalen Mächtigen wie Pilatus und seine Römer oder König Herodes nutzen ihre Privilegien aus. Darunter leiden die Benachteiligten: die Armen, die Hungernden. Es ist für sie ein Trost, dass Jesus den Mächtigen Wehe-Sätze zuruft!

Diese Konstellation zwischen Profitierende und Abgehängte finden wir auch heute wieder: Auch heute gibt es Zeloten, Freiheitskämpfer, aber auch Terroristen. Auch heute gibt es eine führende Kultur, an der sich alle irgendwie orientieren. Sie ist natürlich heute die moderne, wirtschaftlich erfolgreiche, technisch innovative westliche Welt: Nordamerika und Europa! Auch heute gibt es Angepasste, die aus der Peripherie heraus kommen möchten und aufsteigen wollen. Und wie damals zerreißt die Frage Völker, Staaten, Familien, Menschen: ob anpassen und aufholen oder abgrenzen und Eigenes trotzig betonen.

Der indische Soziologe Mishra sieht diese Frage als die entscheidende Grundkonstellation unserer heutigen Probleme an. Sein Buch „Das Zeitalter des Zorns. Eine Geschichte der Gegenwart" wurde ein Bestseller. (Ich habe schon einmal eine Predigt über ihn gehalten und ihn in 5 Thesen zusammengefasst.) Heute möchte ich seine exemplarischen Kontrahenten vorstellen: Voltaire und Rousseau. Sie verkörpern exemplarisch diese Grundfrage!

Voltaire. Er lebte von 1694 bis 1778. Er war nicht nur ein aufklärerischer Philosoph, der die Vernunft stark machte und wie Descartes oder Kant zeigen wollte, dass alles vor dem Gerichtshof der eigenen Vernunft Bestand haben muss. Nein er war auch ein erfolgreicher Mensch in jeglicher Hinsicht. Seine Schriften verkauften sich exzellent. Er machte die Gedanken der Aufklärung mit seinen Theaterstücken, Essays, Spottschriften für viele zugänglich. Würde eine Zeitmaschine ihn ins Heute beamen, würde man ihn im politischen Kabarett über die Blödheit dummer Leute und der Verführungskunst der Kirche witzeln hören. Und alle wären begeistert von seinem Esprit! Er gehörte

20

zu dem aufstrebenden Bürgertum, zur Elite des Landes. Er erreichte ein großes Vermögen durch die Honorare seiner Werke, Immobilien, Finanzspekulationen, Kredite an Fürsten und die Herstellung von Uhren. Er schrieb nicht nur darüber, dass die Knechtschaft der Kirche und das unterdrückende Weltbild des Mittelalters vorbei sein müsse. Er lebte auch seine Botschaft vom guten Leben: Streben nach Reichtum und nach Genuss! Denn er war überzeugt: Weltweiter Handel, materieller Wohlstand und wachsender Konsum sind das Ziel der Moderne! Er folgte damit Adam Smith: Wenn jeder seinen Eigeninteressen und seinem Gewinn folgt, dann schafft das durch die unsichtbare Hand des Marktes Wachstum und Wohlstand der Nationen!

Voltaire verkörpert somit den erfolgreichen modernen Menschen! Wollen nicht alle in der Moderne, in der heutigen westlichen Welt so erfolgreich sein wie Voltaire? Naja, Mishra schaut genauer hin und sieht auch Fragwürdiges, Inkonsequentes, ja Abstoßendes bei Voltaire:

Voltaire kämpfte für seinen Aufstieg. Auch mit Ellenbogen und List. Auch wenn die Aufklärer prinzipiell davon ausgingen, dass jeder Mensch Vernunft habe, schaute Voltaire abfällig auf das gemeine Volk. Mishra resümierte im Spiegel Interview: „Es führt keine gerade Linie von der Aufklärung zur Demokratie. Keiner der Aufklärer interessierte sich für die armen Massen. Voltaire verachtete sie sogar, für Leute, die Schuhe machten, hatte er nur Spott übrig."[5]

Heute erzürnt uns, dass viele Banker keine Verantwortung für ihre Fehler übernehmen mussten, die zur Finanzkrise 2008 führte, dass viele Reiche überhaupt keine Vorstellung haben, was es bedeutet, Hartz IV zu bekommen.

Voltaire und andere Aufklärungsphilosophen verbündeten sich gerne mit den Mächtigen, die sie förderten. Die französischen Aufklärer ließen sich insbesondere von der Zarin Katharina der Großen fördern und übersahen ihren despotischen Herrschaftsstil.

Ja, Voltaire stachelte sie geradezu an, dass die Russen die Türken aus Europa vertreiben sollten.

Heute kooperiert der Westen mit den Saudis, weil sie viel Öl haben, obwohl ihr wahhabitischer extremer Islam die religiöse Grundlage des islamistischen Terrors ist.

Voltaires beißender Spott gegenüber seinen Gegner ist natürlich brillant. Aber ist er immer fair? Mit seinem Roman Candide macht er sich über die Theodizeelehre von Leibniz lustig. Aber in dieser Arroganz erscheint kein Respekt gegenüber dem philosophischen Bemühen von Leibniz, einem der schwierigsten Probleme der Menschheit auf den Grund zu gehen.

Egoismus, fehlender Verantwortungssinn, zwiespältige Bündschaften, Arroganz, fehlender Sinn für soziale Gerechtigkeit – all das finden wir schon bei Voltaire. Und all das lässt auch heute die Wut über gewisse Reiche und gewisse Eliten hochkochen!

Rousseau Der große Gegenspieler zu Voltaire ist der Philosoph Rousseau (von 1712 bis 1778). Er kam aus der Peripherie, nämlich aus Genf, in das Zentrum Paris.

Bevor ich nun Rousseaus Position darlege, möchte ich betonen, dass Mishra nicht Partei für Rousseau ergreift. Mishra will aufzeigen, dass die Moderne von einer inneren Zerrissenheit geprägt ist, die durch diese zwei Philosophen und den Unterschied zwischen beiden exemplarisch verdeutlicht wird. Wer diese Zerrissenheit überwinden will, wer mehr Frieden und Gerechtigkeit in der Moderne schaffen will, der darf nicht Voltaire, aber auch nicht Rousseau folgen!

Rousseaus Philosophie begann mit einem tiefen Aha-Erlebnis. Diese „Erleuchtung", dieser „Gedankenblitz" prägte alles im Denken Rousseaus. Diese Erkenntnis kam ihm, als er über die Preisausschreiben-Frage der Akademie von Dijon nachdachte, die er in der Zeitung „Mercure de France" gelesen hatte: „Geht mit dem Fortschritt der Wissenschaften und der Künste auch eine Verbesserung der Moral und der Sitten einher?" Kurz: Wird das

Zusammenleben der Menschen in Zukunft durch den wissenschaftlichen Fortschritt besser? Viele antworteten damals natürlich mit Ja!

Rousseau hatte beim Nachdenken die tiefe Einsicht: Nein! Die Zivilisation macht den Menschen nicht besser, sondern schlechter! Der Mensch ist von Natur aus gut! Der Mensch wird böse durch die Zivilisation! Umso weiter er von seinem natürlichen Zustand weg ist, umso verdorbener wird er, bzw. umso weiter schreiten Wissenschaften und Künste voran. Rousseau gewann das Preisgeld. Sein Essay verbreitete sich rasend schnell und Rousseau war berühmt!

Die folgende Preisausschreiben-Frage kam Rousseau ebenso willkommen: Welches ist der Ursprung der Ungleichheit unter den Menschen? Rousseaus Antwort: Der wilde Mensch im Naturzustand ist ausgeglichen, instinktsicher. Er besitzt sowohl gesunde Eigenliebe als auch natürliches Mitgefühl, also Nächstenliebe. Jedoch der Mensch besitzt den natürlichen Trieb, sich zu verbessern und sein Leben komfortabler zu gestalten. So wurde er sesshaft, wurde Bauer statt Jäger und Sammler und baute Hütten. Aber mit der Sesshaftigkeit änderte sich diese ideale Balance: Es kam das Gift Besitzdenken auf. Dazu schrieb Rousseau seine berühmten Worte. „Der erste, welcher ein Stück Landes umzäunte, sich in den Sinn kommen ließ, zu sagen: dieses ist mein und einfältige Leute antraf, die es ihm glaubten, der war der wahre Stifter der bürgerlichen Gesellschaft." Es kam das Gift Streit um mehr Ansehen, mehr Reichtum und mehr Macht auf. Es kam das Gift Neid auf. Die Reicheren gründeten dann Staaten mit Polizisten, die die Sicherheit ihres Eigentums gewährleisten sollten.

Natürlich wusste Rousseau, dass man nicht mehr zum wilden Urzustand zurückkehren kann. Aber Ziel muss es nach ihm sein, die schlimmsten Folgen der Zivilisation zu reduzieren, besonders in zwei Bereichen: in der Politik und in der Bildung. Rousseau plädierte für eine antiautoritäre Erziehung, damit der natürliche gute Urzustand sich mehr entwickeln könne. Und er plädierte für eine direkte Demokratie. In Vollversammlungen sollen die Bürger nicht egoistisch, sondern gemeinwohlorientiert abstimmen und entscheiden.

Rousseau führte ein chaotisches Leben. Er war in der Praxis nicht ein Vorbild seiner philosophischen Lehre. Er gab all seine Kinder an Waisenhäuser ab. Er zerstritt sich mit Freunden, die ihn unterstützten, und musste regelmäßig den Wohnsitz wechseln.

Warum wählte Mishra Rousseau als exemplarisch für die zerrissene Moderne? Weil es vielen so erging und so ergeht wie Rousseau: 1. Er kommt aus der Peripherie ins Zentrum! 2. Die Moderne, der Fortschritt faszinieren ihn zuerst! 3. Dann kommt der Schwenk, die Wendung: die Moderne wird kritisch gesehen! 4. Die Wende ist radikal. Die Kritik an der Moderne scharf! Das Gute wird nun irgendwo in der Vergangenheit gesucht: Bei Rousseau ist es der Wilde! Bei Nationalisten ist es die nationale Vergangenheit, die nationale Identität schaffen soll. 5. Was er zuerst bewundert hat, wird nun verachtet: Die moderne Welt ist verdorben. 6. Rousseau reagiert mit einem politischen Gegenentwurf: Direkte Demokratie statt Monarchie und freie Marktwirtschaft. Aber viele reagierten oder reagieren auch mit gewalttätigen Gegenaktionen. Die Französische Revolution versuchte Rousseau umzusetzen und landete im Bürgerkrieg.

Man denke nur einmal an die Geschichte des Iran: Mossadegh war 1953 Premierminister, vom Parlament gewählt. Er war Jurist, hatte in Paris studiert, war geprägt von den westlichen demokratischen Werten. Er verabschiedete eine Landreform und plante eine Steuerreform zugunsten der Ärmeren. Jedoch er wollte das Monopol der Briten auf die iranische Ölindustrie beenden. Die Briten brachten die Amerikaner dazu, dass ihre Geheimdienste einen Putsch vorbereiteten und im Hintergrund organisierten. Der Westen missachtet seine eigenen demokratischen Werte. Dafür setzte er Schah Mohammed Reza ein, der nun als Autokrat herrschte. Der Schah wollte den Iran an die westliche Moderne heranführen. Er setzte sicherlich viele Modernisierungen durch. Er war quasi ein iranischer Voltaire. Jedoch seine Diktatur führte zu Spannungen, gewalttätigen Demonstrationen. Mit Chomeini kam die islamische Revolution. Gut ist der Mensch, wenn er zu den Ursprüngen des islamisch-schiitischen Glaubens zurückkehrt. Er war der iranische Rousseau.

Mishras Grundthese ist: Seit Voltaire und Rousseau gibt es viele Voltaires und Rousseaus und viele verbitterte Kämpfe zwischen beiden! Das prägt unsere Zeit und macht unsere Zeit zu einem „Zeitalter des Zorns", so der Titel von Mishras Buch.

Was macht diese Konstellation neu und modern, wenn sie doch auch Ähnlichkeiten zu der Konstellation Römisches Reich – jüdisches Volk besitzt? Zu dieser Frage ließe sich viel sagen. Hier nur Stichwörter: Durch technischen Fortschritt, kapitalistische Märkte, weltweiter Handel sind die Gefälle zwischen unbeschwerten Eliten, erfolgreichen Aufsteigern, erfolglosen Nachholern, Enttäuschten, Abgehängten und stummen Massen viel größer und komplexer als zur Zeit Jesu.

Wie können die heutigen Armen satter werden, nicht nur im Jenseits? Diese Frage haben Voltaire und Rousseau nicht befriedigend beantwortet. Diese Herausforderung der Moderne müssen wir uns Christen stellen!

Terrorismus ist ein Phänomen der Moderne (7C)

Lk 6,27-38 (längere Stelle als 7 C)

Die Moderne zerreißt die Menschen: Die einen sind auf der Überholspur und rasen weiter. Die anderen stehen am rechten Streifen im Stau und kommen nur schwer weiter und sind frustriert. Es ist schwer, die Spur zu wechseln und voranzukommen. Profitierende und Abgehängte. Die Moderne drängt alle zum Weiterkommen. So entwickelt sich ein zwiespältiges Verhältnis zur Moderne. In der letzten Predigt habe ich das nach Mishras Buch an Voltaire und Rousseau verdeutlicht.

Dieses Spannungsverhältnis kann man im 19. Jahrhundert auch zwischen Frankreich bzw. England und Deutschland beobachten. Frankreich präsentierte mit seiner Revolution das Ideal der Zukunft: Freiheit, Gleichheit, Brüderlichkeit. Dieses Ideal wollten die großen Denker, Dichter und Künstler in Deutschland wie Goethe, Beethoven und Hegel erreichen. Jedoch der Terror der Revolution und Napoleons Eroberungswahn ließ daran zweifeln, ob dieser Weg wirklich erstrebenswert ist. England wuchs rasant in der Wirtschaft, aber die Verelendung der Massen wuchs gleichermaßen.

Deutschland war also ähnlich wie Rousseau hin und her gerissen: Sollte es dem Modernisierungsweg der Franzosen und Briten nacheifern oder doch einen anderen Weg im Kontrast dazu suchen? Die Romantiker suchten die Alternative im individuellen Rückzug. Oder man lebte seine Absetzung in Hass auf die Franzosen aus und kämpfte „in einem heiligen Krieg", wie der Dichter Theodor Körner schrieb, gegen Napoleon.

Mishra zeigt auf, dass in allen Kulturen und Nationen, die sich in einem zwiespältigen Verhältnis zur Moderne befunden haben, Wortführer sich vom „Westen" absetzten. Sie stellten sich als besser dar: Viele Deutsche im 19. Jahrhunderten hielten sich den Franzosen überlegen: Beethoven, Schumann, Wagner sind größere Komponisten. Deutsche Philosophen wie Fichte und Hegel denken tiefer. Und einen Goethe sucht man in Frankreich vergeblich.

In Russland priesen Intellektuelle das russische Volk als „Führer und Erlöser der Menschheit"[6] Und japanische Philosophen wollten beweisen, dass das intuitive Verständnis des Ostens dem logischen Denken des Westens überlegen sei.[7] Und der polnische Dichter Mickiewicz bezeichnete Polen als den „Christus der Nationen, der „von den Toten auferstehen und alle Völker Europas aus der Sklaverei befreien" werde."[8]

Indem Mishra die immer gleiche Konstellation in verschiedenen Variationen bei verschiedenen Nationen und Kulturen aufzeigt, verdeutlicht er, dass viele, die nicht richtig aufholen können, ihre Frustration mit absetzender Arroganz kompensieren.

Diese sich absetzende Arroganz kann sich aber auch in eine gewalttätige Richtung weiter entwickeln. Ein Beispiel offenbart uns eine weitere Einsicht: der Attentäter McVeigh richtete 1995 in Oklahoma City ein Blutbad an. McVeigh, Veteran des Ersten Irakkriegs: Warum tötete er 168 Menschen mit einer Explosion? War er ein einsamer Wolf, eine einzelne verirrte Seele? So argumentierte die Anklage! Sie vernachlässigte, dass McVeigh Mitglied von Netzwerken war, die einen extremen Hass auf die US-Regierung zum Thema hatten. Er wollte die amerikanische Freiheit und den amerikanischen Traum verteidigen gegen staatliche Unterdrückung! In einem Lesebrief plädiert er für eine staatliche Gesundheitsfürsorge und Gleichbehandlung. Denn: „Sollen nur die Reichen länger leben dürfen?"[9] Mit dem ersten Irakkrieg erlaubte sich die amerikanische Regierung eine zerstörerische Alles-ist-erlaubt-Mentalität. Und mit seiner Tat wollte er der amerikanischen Regierung einen Spiegel vorhalten. Mit nichts soll seine Tat entschuldigt werden. Jedoch hinter seiner unermesslichen Sünde steht eine strukturelle Sünde: Soziale Ungerechtigkeit, unmenschliche Kriege, die Völkerrecht brechen. Sie wird übersehen, wenn man ihn nur als einen

27

einsamen Wolf und verwirrte Seele ansieht. Diese Verdrehung funktioniert auch allgemein. Bernd Stegemann schreibt zugespitzt: „Die bürgerliche Version des Kapitalismus lautet nun: Ihr Arbeiter behauptet, wir Kapitalisten sind schlecht, dann lautet unsere Antwort, dass der Mensch generell schlecht ist. [...] Eine Systemfrage wird zu einer Frage des individuellen Charakters, der Klassenhass wird zu einem subjektiven Fehler."[10]

Die Herausforderung Jesu, die Feinde zu lieben und nicht zu richten, erscheint bei einem solchen Attentäter völlig abwegig. Aber meines Erachtens würden wir dieser Herausforderung schon genügend folgen, wenn wir versuchen, die strukturelle Sünde hinter seiner schändlichen Tat in den Blick zu nehmen. Nur wenn wir das tun, können wir den Nährboden für solche terroristischen Taten austrocknen.

Mishra stellt den Attentäter McVeigh neben die islamistischen Terroristen wie Osama bin Laden und Anhänger des islamischen Staates und verdeutlicht damit: Terrorismus ist ein modernes Phänomen, nicht ein primär religiöses! Die Zwiespältigkeit, die viele mit der Moderne erleben, soziale Ungerechtigkeit, unmoralische Kriege des Westens, wie der erste Irakkrieg, all das bringt Menschen wie McVeigh genauso in Rage wie Osama bin Laden. Bei ihnen führt die Wut zu zerstörerischer Gewalt. Islamische Terroristen wie der geistige Vater des IS, Abu Musab Al-Zarquawi – er war Kleinstadtzuhälter und Drogendealer[11] –, haben oft wenig Ahnung von Islam. Mishra will durch solche Hinweise und Beispiele belegen: Der fundamentalistische Islam als Erklärung reicht nicht. Terror ist ein modernes Problem. Mishra ist nicht der erste, der diesen Zusammenhang erkannt hat: Der Philosoph Joachim Ritter war von 1953 bis 1955 an der Universität Istanbul tätig. Er konnte in diesem Land das Zwiespältige der Moderne studieren und erleben. Natürlich ist es für die Bevölkerung ein Gewinn, wenn in einem armen Dorf eine Schule, Elektrizität, Wasserpumpen und moderne ärztliche Versorgung errichtet wird. Ritter ermahnt uns, die Fortschritte der

Moderne nicht gering zu achten und in naive Romantik zu verfallen: „Man hat es leicht, geringzuachten und herabzusetzen, was man in selbstverständlich gewordener Gewohnheit besitzt."[12] Aber Altes und Neues erlebt er in der Türkei häufig als unverbunden, unvermittelt nebeneinander. Ein Beispiel: „Neben den Frauen, die die alte Tracht tragen und ihr Gesicht vor dem vorübergehenden Fremden verbergen, gehen die Töchter in der modernen europäischen Kleidung."[13]

Mishras Erkenntnisse hat Ritter schon 1956 kompakt auf den Punkt gebracht: „Während die moderne Intelligenz die Beziehung zur Vergangenheit weitgehend verloren hat, wird der Geist, der das Alte bewahren und retten will, in den unversöhnlichen Gegensatz zur modernen Welt getrieben. Es gibt Zeichen dafür, dass sich Gruppen des Widerstands gegen das Neue überhaupt bilden. Die Europäisierung erzeugt so als ihr Widerspiel eine zuweilen düstere und fanatische Reaktion, für welche das Neue insgesamt das Böse ist, der Einbruch fremder zerstörerischen Gewalten in die durch Überlieferung geheiligten Ordnungen. Zur Zukunft des Fortschritts gesellt sich das Bild einer anderen Zukunft. Die Zeit soll kommen, in welcher das Neue verschwindet und die überkommenen Ordnungen wiederhergestellt sein werden und die Moschee wie einst die einzige und wahre Versammlung des Volkes sein wird. Wenn sich solche Stimmen der Reaktion nicht nur in der Türkei, sondern überall im Orient bald hier und bald dort vernehmen lassen, man sollte sie auch dann nicht überhören, wenn sie kein politisches und geistiges Gewicht haben. Sie sind die Mahnzeichen, in denen sich die Beziehungslosigkeit von moderner Zukunft und geschichtliche Herkunft als das Problem ankündigt, das ungelöst und unbewältigt im Grunde der Europäisierung gährt. Wo es keine Macht der Versöhnung und Vermittlung gibt, da gehören die revolutionären Verneinung der Herkunft und die reaktionäre Verneinung der Zukunft unlösbar zusammen; die innere Zerrissenheit nimmt zu und treibt die

Versuchung hervor, den unversöhnlichen Gegensatz durch die Gewalt zu lösen. Die Unruhe wächst. Indem die Europäisierung fortschreitet, nimmt der Druck ihrer ungelösten Probleme zu."[14] Was Ritter als gefährliche mögliche Entwicklung angekündigt hat, ist leider eingetreten. Präsident Erdogan will die türkische Demokratie in eine islamische Diktatur zurück verwandeln. Die Türkei kann in ihrem jetzigen Zustand nicht der EU beitreten.

In der Geschichte Deutschlands und Europas erkennt Ritter einen Lösungsansatz: Die Bildung, insbesondere die geisteswissenschaftliche und künstlerische Bildung kann die Versöhnung und die Vermittlung zwischen Alt und Neu leisten. Europa hat es geschafft, die abendländische Herkunft mit der durch die moderne Zivilisation bestimmten Zukunft zu versöhnen. „Europa ist das geschichtliche Abendland geblieben, weil aus dieser Auseinandersetzung eine Bildung hervorgegangen ist, die es möglich macht, aus dem Reichtum der Überlieferung und zugleich in der modernen Gegenwart zu leben. In dieser Bildung wird miteinander versöhnt, was heute in dem Prozess der Europäisierung auseinander getrieben wird."[15]

Deswegen ist für Ritter die entscheidende Frage: Wie schaffen es auch andere Staaten und Kulturen, eine Bildung hervorzubringen, die ihre eigene Geschichte mit der modernen Gegenwart und Zukunft verbinden, vermitteln und kreativ versöhnen kann?

Ein Bild für diese Versöhnung in Deutschland ist für mich der Rhein: Alte Ritterburgen – sie stehen für unsere Geschichte. Schöne Kirchen – sie stehen für unsere christlichen Werte und Kultur. Moderne Schiffe – sie stehen für die globalisierte Welt und Moderne. Alles zusammen ergibt die Faszination des Rheins zwischen Mainz und Koblenz.

Herder betonte, dass jedes Land seine eigene Kultur und Entwicklung und Profil hat. Er zeigte uns, dass jede Kultur auch seine eigene Bildung für diese Versöhnung hervorbringen muss.[16] Jedoch es gibt auch eine Bildung, die alle Menschen miteinander verbindet. Unser Evangelium enthält die goldene Regel: Was ihr von anderen erwartet, das tut auch ihnen. Sie taucht in allen Kulturen auf. Sie ist Kernstück der christlichen Ethik und damit Kernstück der Werte des christlichen Abendlandes. Wir sollten die Bildung stärken und die Verteidigung unserer Herkunft nicht der AfD überlassen. Denn sie hat keine Ahnung von christlichen Werten und abendländischer Bildung.

Die Kirche hat eine entscheidende Rolle für diese Versöhnungsarbeit. Zwei Beispiele: Misereor greift die Erfahrungen der Bauern auf, um die neuen Probleme in der Landwirtschaft in Afrika zu lösen. Modernes Fachwissen wird mit Erfahrungswissen der Bauern kombiniert. Neue Bildung entsteht. Ebenso haben diese Länder und Kulturen eigene Liturgien und Theologien entwickelt.

Aber Bildung, so wichtig sie ist und Versöhnung ermöglicht, kann nicht reichen für die Versöhnungsarbeit. Die strukturelle Sünde, nämlich die soziale Ungerechtigkeit wird bei dieser Sichtweise Ritters übersehen. Die Wirkweisen des Neoliberalismus und des globalen Kapitalismus müssen auch kritisch hinterfragt werden und es muss nach Alternativen gesucht werden. Dazu mehr in der nächsten Predigt.

Aufstieg und Niedergang des Neoliberalismus (8C)

Lk 6,39-45

Kann ein Blinder einen Blinden führen? Werden nicht beide in eine Grube fallen?

Einige sahen vor der Finanzkrise 2008, dass Blinde Blinde führen und in eine Grube hineinführen. Aber man hörte nicht auf ihre Cassandra-Rufe!

Es gibt keinen guten Baum, der schlechte Früchte hervorbringt, noch einen schlechten Baum, der gute Früchte hervorbringt. Jeden Baum erkennt man an seinen Früchten. Die Finanzkrise 2008 ist eine der Früchte des neoliberalen Denkens. Ein zerstörerisches Erdbeben in der Weltwirtschaft mit immensen Schäden, nicht vom Himmel gefallen, sondern von menschlichem Handeln und menschlichem Denken verursacht.

Die letzten Predigten über Mishras Verständnis des heutigen Zeitalters zeigten einen Kampf zwischen den Etablierten und den Nachzüglern. Die Abgehängten suchen Wege, sich aus ihrer Position heraus zu der modernen Welt zu verhalten: Manche strengen sich an, um aufzuholen. Andere suchen ihre eigenen Wege, ihre eigene Identität und suchen in ihrer eigenen Kultur und Vergangenheit. Wieder andere werden zynisch, nihilistisch, zerstörerisch bis hin zum Terrorismus.

Was in Mishras Analyse zu wenig in den Blick kommt: die wirtschaftliche Seite und die Frage nach sozialer Gerechtigkeit. Was außerdem Mishra nicht als Lösungsmöglichkeit in den Sinn kommt: Die Nachzügler und Abgehängten haben nicht nur die Möglichkeit, aufzuholen, Eigenes in Vergangenheit und eigene Kultur zu suchen oder aggressiv zerstörerisch zu antworten. Sie könnten auch gemeinsam Wege suchen, die Zukunft mit einem anderen Denken zu gestalten. Einen neuen Baum zu pflanzen, der bessere Früchte hervorbringt als der Baum Neoliberalismus oder der Baum Kommunismus.

Ein Vorschlag: Was hieße heute im 21. Jahrhundert, wieder einen Baum der sozialen Marktwirtschaft zu pflanzen? Eine soziale Marktwirtschaft, die soziale Gerechtigkeit weltweit und nicht nur innerhalb eines Staates anstrebt?[17] Eine soziale Marktwirtschaft, die ökologischer ist, nicht mehr völlig abhängig ist vom immer Mehr des Wirtschaftswachstums, die den Menschen mehr substantielle Freiheit ermöglicht?!

Die Nachzügler und die frustriert Abgehängten brauchen eine Alternative, ja eine „Utopie", eine Idee einer möglichen besseren Zukunft, wenn nicht noch mehr in zerstörerische Gewalt verfallen sollen. Ob im Nahen Osten die vielen tausenden Menschen, die unter Diktatur, Krieg, Terror und Repression vom Staat bzw. von Religionshütern leiden, oder die Wähler, die rechtspopulistischen Parteien verfallen, besonders die vielen Entscheider und Mächtigen in Politik und Wirtschaft, sie brauchen ein anderes Denken, neue Ideen für eine bessere Zukunft!

Bevor Sie nun denken, jetzt wird unser Pfarrer abgehoben, bitte ich Sie, noch paar Erläuterungen und Erklärungen aufmerksam aufzunehmen!

Erstens: Es gibt viele kreative Denker, die auf vielen Ebenen neue Lösungsansätze entwickeln. Vieles müsste nur weiter verbreitet und positiv gefördert werden.

Zweitens: Das neoliberale Denken beherrscht seit den 70er Jahren das globale Denken. Und dazu sollte jetzt eine Alternative stark gemacht werden! Eine Alternative, die den vielen Lösungsansätzen auf den verschiedenen Ebenen wieder mehr Chancen zur Entfaltung gibt und das Ganze in eine bessere Richtung führt.

Der Neoliberalismus ist nicht vom Himmel gefallen! An diesem Beispiel kann jeder sehen: Neues Denken kann sich durchsetzen. Also kann auch jetzt der Neoliberalismus durch neues Denken ersetzt werden. Wirtschaft fällt ebenso nicht vom Himmel. Vielmehr prägen Theorien über die Wirtschaft wesentlich die

Wirtschaft. Wirtschaftliche Lehren sind wie Bäume, die gute oder gemischte oder schlechte Früchte hervorbringen! Wie haben es Ökonomen und Politiker geschafft, dass er zum dominierenden Denken wurde? Nach der Weltwirtschaftskrise 1929 und nach dem II. Weltkrieg beherrschten die Lehren von Keynes das Denken. Keynes war der einzige Ökonom, der jenseits des Marxismus eine Erklärung und eine Lösung für die Weltwirtschaftskrise von 1929 anbieten konnte.

Die Lehre von Keynes brachte nach dem Zweiten Weltkrieg in USA und in Europa eine Verringerung der Schere zwischen Arm und Reich und ein Wirtschaftswachstum hervor. Wie konnte sich der Neoliberalismus durchsetzen, obwohl der Keynesianismus über Jahrzehnte gute Früchte hervorbrachte? Hegel meinte, dass die Ausbreitung von neuem Denken „dem *Verbreiten* wie eines Duftes in der widerstandslosen Atmosphäre zu vergleichen" wäre. Der Duft wirkt wie „eine durchdringende Ansteckung." „Erst wenn die Ansteckung sich verbreitet hat"[18], wird sie offensichtlich. Der Duft des neoliberalen Denkens wurde seit dem Ende des II. Weltkriegs gezielt von einer Gruppe mit langem Atem verbreitet. 1938 trafen sich liberale Ökonomen aus verschiedenen Ländern durch die Einladung von Walter Lippmann: Ein Netzwerk entstand. Nach dem II. Weltkrieg gründete Hayek 1947 einen geschlossenen Kreis von Intellektuellen, die Mont Pèlerin Society (MPS), die sich zum Ziel setzte: den Neoliberalismus auszuarbeiten und zu verbreitern, so dass er führende „Ideologie" in der Welt werden könne. D. h. sie wollten das Wirtschaftsdenken der Politiker, der Unternehmer, der Gesellschaften, der Öffentlichkeit mit dem Duft des Neoliberalismus betören, infizieren und den herrschenden Keynesianismus ablösen! Solange stabiles Wachstum und niedrige Arbeitslosigkeit herrschte, das wusste Hayek, konnte man nicht schnell die öffentliche Meinung verändern.

Also gründete sie erst einmal Thinktanks in Großbritannien und Amerika. Sie hatten das Ziel, den Neoliberalismus langfristig subtil unter Journalisten, Akademikern, Autoren, Rundfunkleuten und Lehrern zu verbreitern. Dies wurde durch Schriften und Pamphlete, die sich in verständlichen Worten an ein größeres Publikum richteten, oder durch Rundfunk und Fernsehauftritte besonders von Milton Friedman kontinuierlich über zwei Jahrzehnte hinweg erreicht. Mit der Zeit wurden neoliberale Positionen in Zeitungen, in Wirtschaftsfakultäten und Unternehmensberatungen immer mehr rezipiert. Die Chicago School wurde zum Leuchtturm neoliberalen Denkens.

In den 1970er kam die Krise, die der Neoliberalismus brauchte, um sich durchzusetzen: Hohe Arbeitslosigkeit und eine beschleunigten Inflation. „Beide wirtschaftlichen Probleme hatten sich durch die Ölkrise, einen allgemeinen Anstieg der Preise und Löhne wie auch die Ausweitung der Kreditwirtschaft zugespitzt. Der bis dato vorherrschende keynesianische Lösungsansatz verlangte im Fall steigender Arbeitslosigkeit eine Erhöhung der Staatsausgaben, um die Wirtschaft anzukurbeln, bei beschleunigter Inflation hingegen sollte der Staat seine Ausgaben drosseln, um die Teuerung zu bremsen. In den 1970er traten beide Probleme allerdings gleichzeitig auf, Inflationsschub und zunehmende Arbeitslosigkeit führten zur Stagflation."[19]

Die Neoliberalen erklärten: die Macht der Gewerkschaften ist zu stark und treibt die Löhne nach oben. Das bewirkt Inflation. Also ist die Lösung: Gewerkschaften schwächen, Arbeitnehmerrechte und Sozialstaat aushöhlen. Kapitalverkehrskontrollen lockern und den Finanzsektor deregulieren. Thatcher und Reagan setzten es um.

Wichtig jedoch ist es zu betonen: „Die Inflation auf Lohnrigidität und die Macht der Gewerkschaften zurückzuführen war nicht die einzige mögliche Interpretation – und der Neoliberalismus war nicht die einzige mögliche Antwort. Andere Erklärungen boten sich an, ebenso andere Antworten: in jenem Augenblick wusste niemand, wie ein Ausweg aussehen würde."[20] In dieser Erklärung der Neoliberalen wurde unterschlagen, dass der Finanzsektor vom Schatzkanzler von England schon in den frühen 70er dereguliert wurde. Diese „Deregulierung des Finanzsektors führte zu einem Anstieg der Geldmenge, die Folgen waren steigende Warenpreise, beschleunigte Inflation und schließlich ein beschleunigter Lohnanstieg." Eine andere Erklärung der Krise wäre möglich gewesen, in der „nicht starke Gewerkschaften das Problem wären, sondern ein deregulierter Finanzsektor."[21]

Jedoch setzte sich die neoliberale Erklärung und Lösung durch. Der Duft des neoliberalen Denkens hatte sich genug und ausgebreitet, um in dieser Zeit der Krise von den Politikern aufgegriffen zu werden. Seitdem ist das neoliberale Denken das vorherrschende Denken mit sehr unterschiedlichen Früchten. „Elend, Tod und Diktaturen gehörten zu den Folgen dieses globalen Vormarschs." „Schätzungen zufolge war die Privatisierungspolitik in den Ländern des ehemaligen sowjetischen Machtbereichs letztlich für den Tod von 1.000.000 Menschen verantwortlich."[22]

Der Neoliberalismus hat sich in unser Denken und Leben inzwischen tief eingegraben. Begriffe werden mit dem Neoliberalismus neu verstanden. „Modernisierung steht heute allenthalben für die Vernichtung von Arbeitsplätzen, für Kürzungen sozialstaatlicher Leistungen oder für die Privatisierung öffentlicher Betriebe und Dienstleistungen. [...] Freiheit wurde auf die individuelle Freiheit reduziert, auf die Freiheit von den Zwängen des Staates und auf die Freiheit als Konsument."[23]

Die Ideologie des Neoliberalismus bringt die Menschen dazu, „in allen Bereichen ihres Lebens ständig den Wettbewerb mit sich selbst zu suchen. Immerwährendes Lernen, ununterbrochene Verfügbarkeit und die andauernde Notwendigkeit sich selbst neu zu erfinden"[24] Das überfordert die Menschen und bringt Stress und Angst! Der Neoliberalismus hat es geschafft, den Staat und die Politik zurückzudrängen und schlecht zu reden.

Fazit: Der Zorn der Abgehängten, den Mishra analysiert, ist durch den Neoliberalismus stark angeheizt worden!

Jedoch es gibt Anzeichen, dass sich das Blatt wendet. Die Ideologie des Neoliberalismus offenbart mit der Finanzkrise 2008 ihre Widersprüche. Und seit 2017 geht in den Kapitalmärkten eine Angst um: Die Schere zwischen Arm und Reich ist in den USA zu groß, so dass der Internetmilliardär Hanauer warnt, bald werden die Armen „mit Mistgabeln" auf die Reichen losgehen. Das internationale Kapital wandert inzwischen stärker nach Europa als nach Amerika. Denn Sozialstaat, Gewerkschaften und eine kleinere Schere zwischen Arm und Reich versprechen inzwischen mehr Profit. Europa ist stabiler. Gerade der Sozialstaat hat mit bewirkt, dass die populistischen Bewegungen noch keine Regierungszentrale erobert haben![25] Jetzt gilt es, eine sozialere, ökologischere, global gerechtere Marktwirtschaft zu entwickeln. Neues Denken schafft neue Wirklichkeit!

Hoffnungsvolle Impulse für die Zukunft (9 C)

Lk 7,1-10
Der Hauptmann, ein Römer, zeigt einen so großen Glauben, dass Jesus ins Staunen kommt!
Paulus dagegen muss die Galater ermahnen. Denn er ist enttäuscht, dass sie so einen geringen Glauben haben, dass sie sich so schnell verwirren lassen.
Wir können diese beiden Aussagen mit dem Begriff „Hoffnung" auf heute übertragen:
Es gibt Menschen, die wirklich glauben und hoffen, dass mehr Gerechtigkeit, mehr Frieden, mehr Umweltverträglichkeit möglich ist. Und wie viele sagen verzagt ohne Glauben: Der Turbo-Kapitalismus, die Macht des Stärkeren, die globale Erwärmung – das kann keiner verändern. Was würde der Hauptmann aus dem Evangelium oder Paulus zu dieser heutigen Resignation sagen?
An die Hoffnung glauben! Dass sich etwas ändern lässt! – Das ist vielleicht die erste und wichtigste Botschaft von „Laudato si" – der viel beachteten Enzyklika des Papstes Franziskus!
Denn vielleicht wichtiger als die einzelnen Überlegungen in der Enzyklika ist, dass der Papst diese Enzyklika veröffentlichte. Die wichtigste Botschaft ist die des Hauptmanns und des Paulus: Gebt die Hoffnung und den Glauben nicht auf!
Der Papst kann nicht spezifische Lösungen anbieten, denn das ist nicht seine Aufgabe! Aber er kann eine Haltung, eine Einladung zu neuem Denken anbieten, die nicht vor dem Neoliberalismus und Turbo-Kapitalismus kapituliert. Misereor bezeichnet deswegen auch die Enzyklika als: Anstiftung zur Rettung der Welt!
Außerdem zeigt er deutlich auf, dass Umdenken, neue Lösungen, neue Strukturen auf verschiedenen Ebenen nötig sind. Es reicht nicht, auf technische Erneuerungen zu setzen, um den Klimawandel aufzuhalten. Die soziale, die ökologische, die

wirtschaftliche und die politische Ebene hängen zusammen. Die „Kernbotschaft: Armuts- und Umweltfragen sind nicht zu trennen. [...] Überwindung der Armut in all ihren Formen und Schutz der Umwelt sind untrennbar. Dabei sind es vor allem wir, die Menschen in den industrialisierten Ländern, und die weltweit Wohlhabenden, die weit über dem Niveau leben, das die Erde, unsere Mutter, aushält. Es liegt auf der Hand: es braucht ein neues Modell von Entwicklung und Fortschritt (177).“[26]

Der Papst kommt aus Argentinien. Er kennt die negativen Auswirkungen des Turbokapitalismus aus eigenem Erleben. Seine „Überlegungen werden durchgängig aus der Perspektive der Opfer – der vielfältig arm gemachten Menschen wie der zunehmend zerstörten Erde – entwickelt. [...] die Perspektive vom Ende der Welt, die sonst nicht gesehen und gehört wird. Dem entspricht der „bottom-up“-Ansatz, von Unten nach Oben, vom Kleinen zum Großen und Umfassenden hin zu denken: Alternativen beginnen im Alltag der Menschen, müssen aber auch von lokalen über die nationalen und internationalen Institutionen in Strukturen und Strategien umgewandelt werden.“[27]

So wie die Enzyklika aufzeigt, dass die Probleme von sozialer Ungerechtigkeit und Umweltzerstörung zusammenhängen, so zeigt der Zukunftsalmanach Futurzwei, dass auch die Alternativen und Lösungsansätze von unten kommen können und die verschiedenen Ebenen miteinander verbinden. Dieser Zukunftsalmanach von Harald Welzer und dem Goethe-Institut versammelt „Geschichten vom guten Umgang mit der Welt“: Sie geben Hoffnung, dass es anders gehen kann, dass es „Wege aus der so umfassend gefühlten Ausweglosigkeit des Jetzt“[28] geben kann! Wenn wir diese Geschichten verbreiten, erweitern sie vielerorts die Blickwinkel, Inspiration und Lernbewegungen. Das will der Almanach und das Projekt Futureprefect bewirken: Diese Geschichten weltweit verbreiten! Damit setzen sie in gewisser Weise um, was die Enzyklika fordert.

Einige Beispiele: (*Der Prediger kann auswählen oder die Beispiele auch weglassen.*)

- *Das Netzwerk „Red de Semillas Libres Chile" sammelt und archiviert Samen aus unterschiedlichen Regionen. Ebenso greift es traditionelle und alternative Landwirtschaftstechniken auf und verbreitet das Wissen und den Samen. So kämpfen sie gegen Monokulturen, gegen genmanipuliertes Saatgut und gegen die Macht der großen Saatgut-Konzerne an.*
- *In Montreal werden seit den 1980er Jahren die Gassen von Bürgerinitiativen begrünt. Eine vormals unansehnliche, mit Beton zugpflasterte Gasse verwandelt sich in eine grüne Gasse. Unter Kletterpflanzen und begrünten Mauern treffen sich die Menschen. Kinder spielen, Nachbarn kommen plötzlich in Kontakt, Feste werden gefeiert in den Gassen. Ökologischer und sozialer Gewinn gehen Hand in Hand.*
- *Nach der Wende zogen viele Menschen aus Leipzig weg, Fabriken wurden geschlossen, riesige Brachflächen entstanden. 2007 begann Regina Dietrich vom Stadtplanungsamt eine neue Idee umzusetzen: Die Brachflächen in urbane Wälder umzuwandeln. Ein Gewerbegebiet, ein alter Bahnhof oder die Fläche eines riesigen Plattenbaus. Sie wählten Bäume aus, die sich pflegeleicht waren und deren Wurzeln sich durch den verdichteten Grund kämpfen können. Neue Grünflächen entstanden, pflegeleicht, kostengünstig. Sie sind eine neue grüne Lunge in der Stadt und neue Spielfläche und Erholungsorte.*
- *Das Online-Magazin „das Lamm" nimmt Unternehmen kritisch unter die Lupe. Wo und wie sind sie nachhaltig, sozial, fair? Für viele Unternehmen ist das unangenehm. Jedoch dieses unabhängige Magazin drückt nicht auf die Tränendrüse, sondern es überzeugt mit intelligenten und sachlichen Argumenten. Und ihre ehrliche Kritik hat in manchen Unternehmen schon Wandlungen angestoßen.*
- *In einem schwach entwickelten Viertel des belgischen Städtchens Gent führten die Stadt und ein Verein eine lokale Währung ein. Schon in anderen Orten, z. B. im Chiemgau, wurden sogenannte komplementäre Währungssysteme eingeführt. Zehn Torekes entsprechen einem Euro. Vor allem Bewohner mit viel Zeit und wenig Geld beteiligen sich. Weil die lokale Geldeinheit nur in diesem Ort*

40

ausgegeben werden kann, stimuliert sie seit ihrer Einführung den lokalen Handel und Dienstleistung und bringt Menschen in der Nachbarschaft zusammen. Ein Beteiligter meint: „Ich finde es unglaublich, wie viele Menschen wir aktivieren können, die von der Regierung und anderen Organisationen in die Schublade „nicht aktivierbar für den Arbeitsmarkt" gesteckt wurden."[29]

Harald Welzer stellt die entscheidende Frage an die westlichen Gesellschaften in seinem Einleitungskapitel: „Wie können wir die immateriellen Errungenschaften unseres Typs von Gesellschaft – das sind eben Freiheit, Demokratie und Rechtsstaatlichkeit – mit einem materiellen Aufwand gewährleisten, der um etwa zwei Drittel niedriger liegt als heute? (Dies wäre etwa die Größenordnung, die man zugrunde legen müsste, wenn man von global gerechten Pro-Kopf-Verbräuchen bzw. Emissionsmengen ausginge.)"[30]

Die einzelnen Projekte sind wichtige Bausteine für dieses Ziel. Aber ein Mosaik besteht einerseits aus vielen kleinen Bausteinen und andererseits aus einer Vision, einem Gesamtbild. Was ist die Gesamtvision? Letzten Sonntag zeigte ich auf, wie eine Gruppe von Wirtschaftswissenschaftler mit langem Atem das neoliberale Denken wie einen Duft bzw. wie einen Virus verbreitete, der inzwischen seit circa 40 Jahren das Denken der Politiker, Medien, öffentlichen Meinung einhüllt bzw. infiziert hat.

Die beiden Autoren Srnicek und Williams mahnen deswegen zurecht in ihrem Buch „Die Zukunft erfinden" an: Wir brauchen eine Gesamtvision! Wie kann eine soziale Marktwirtschaft ausschauen nach dem Irrweg des Neoliberalismus? Wie kann sie nachhaltig sein? Wie kann sie stabil sein, ohne abhängig zu sein vom ständigen Wirtschaftswachstum, das wir uns angesichts des Klimawandels gar nicht auf Dauer leisten können?

Warum sich nicht die Strategien der Neoliberalen aneignen, (die ich in der letzten Predigt beschrieben habe) um systematisch auf längere Sicht die öffentliche Meinung zu beeinflussen, um den

Weg zu einer gerechteren und nachhaltigeren Gesellschaftsordnung vorzubereiten?![1] Wenn man die Überlegungen der beiden Autoren liest, merkt man, dass man auf zwei Ebenen eine Meinungsveränderung bewirken muss. Metaphorisch gesprochen: Sowohl der Rahmen als auch das Bild bzw. der Inhalt muss verändert werden. Konkret: Die Autoren plädieren z. B. für ein bedingungsloses Grundeinkommen und für die Reduzierung der Wochenarbeitszeit. Das bedingungslose Grundeinkommen kann die Stigmatisierung und Verdrängung von Arbeitslosen und Geringverdienern beseitigen und damit die soziale Ungerechtigkeit bekämpfen. Der heutige auf Wachstum getrimmte Turbokapitalismus braucht immer mehr arbeitende Menschen, die auch immer mehr konsumieren. Was inzwischen zu Lasten der Lebensqualität und der Umwelt geht. Eine Reduzierung der Wochenarbeitszeit mit einer gleichzeitigen Forcierung der Automatisierung würde an einer Stellschraube dieses Kreislaufes gegensteuern. Man kann über diese konkreten Vorschläge streiten. Sie haben ihre guten Argumente. Es gibt sicherlich aber noch andere gute Konzepte.

---

[1] Sie kritisieren zurecht die sogenannte Folk-Politik: Millionen demonstrieren z. B. gegen den Irak-Krieg! Aber der Krieg geht weiter! Wochenlang besetzte die Occupy-Bewegung den Zuccotti Park in Manhattan, um für größere Kontrolle des Banken- und Finanzsektors und für die Reduzierung der Schere zwischen Arm und Reich zu demonstrieren. Jedoch die Kluft wächst weiterhin! Warum erreichen solche Bewegungen so wenig?
Mehrere Vorgaben dieser Bewegungen hindern sie daran, mehr zu verändern: Die Occupy-Bewegung möchte direkte Demokratie praktizieren. Alle Beteiligten sollen im Entscheidungsprozess einbezogen werden. Möglichst im Konsens sollten alle entscheiden. So wollte die Bewegung im Hier und Jetzt eine Alternative vorleben. Jedoch: Direkte Demokratie bedarf kleinerer Gruppen. Aber diese Vorgaben zeigten in der Bewegung schon, dass sie die Entscheidungsfindung lähmt. Um wirklich eine Veränderung auf Staatsebene zu erreichen, müssen hierarchische Organisationen ihre Kontinuität und Kraft einsetzen: also Parteien, Gewerkschaften, Kirchen usw. Vgl. Srnicek, N.; Williams, A.: Die Zukunft erfinden, Berlin 2016.

All diese Vorschläge gehören zum Bild bzw. zum Inhalt der Vision einer nicht-neoliberalen, nachhaltigen, menschenwürdigeren Wirtschaft und Gesellschaft. Aber auch der Rahmen muss reflektiert und neu bedacht werden und von unserem Werten geprägt werden: Zentrale Begriffe wie Freiheit, Moderne und Fortschritt müssen wir von der neoliberalen „Infizierung" befreien und sie mit neuem Duft prägen!

Wer heute „Modernisierung" hört, denkt an Privatisierung, maßlose Ausbeutung, steigende Ungleichheit, oder sogar an ökologische Apokalypse, Demontage des Sozialstaats oder ausbreitende Herrschaft.[31]

Wir können aber auch „Moderne" als eine Reihe von wichtigen Konzepten verstehen, wie z. B. Freiheit, Demokratie, Gewaltenteilung. Natürlich benutzt auch die kapitalistische Moderne diese Konzepte. Jedoch es gilt heute diese Begriffe neu mit Leben zu füllen und um sie zu kämpfen![32]

Das Gleiche gilt für den Begriff „Fortschritt: Wir brauchen ein neues Bild des Fortschritts, das nicht als Endpunkt der Entwicklung unvermeidlich den Turbokapitalismus hat. Ansonsten wird es immer neue enttäuschte von der Moderne geben, so wie es Mishra beschrieben hat.

„Ohne ein Bild des Fortschritts kann es nur reaktives Handeln, Abwehrkämpfe, lokalen Widerstand und eine Bunkermentalität geben."[33]

Der Neoliberalismus hat Freiheit nur negativ definiert: Ich kann machen, was ich will, solange ich die Freiheit anderer nicht beschneide. Die Freiheit eines Individuums besteht darin, nicht von anderen Individuen, Gemeinschaften oder Institutionen willkürlich beeinträchtigt zu werden. So ein Freiheitsbegriff ist ohne weiteres mit Ungleichheit, Armut, Hunger, Obdachlosigkeit oder Arbeitslosigkeit vereinbar. Das neue attraktive Bild des Fortschritts muss einen substanzielleren Begriff von Freiheit haben: eine Gesellschaft, die Freiheit fördert, muss im größtmöglichen Umfang alles zu einem vernünftigen Leben

Notwendige bereitstellen, also für Einkommen, Zeit, Gesundheit und Bildung sorgen.

Der neue hoffnungsvolle Rahmen und der konkrete Inhalt kann in einer Predigt nur ganz grob skizziert werden. Darüber muss kreativ diskutiert, ja ruhig gestritten werden.

Aber es bleibt der Auftrag, den der Papst mit Laudato si der Menschheit gestellt hat, mit dem Geist Gottes hoffnungsvoll das Reich Gottes immer neu wachsen zu lassen, in einer Welt von heute. D.h. sie aus Konsumismus, Neoliberalismus und Turbokapitalismus herauszuführen.

Mishra hat in seinem Interview mit dem Magazin „Philosophie jetzt" betont, dass die verzweifelte Wut sooft ausbricht, weil viele Menschen in der Moderne den Bezug zur Transzendenz verloren haben: die vertikale Transzendenz – den Glauben an Gott; und die horizontale Transzendenz – die Hoffnung auf eine bessere Welt.

Ja, da kann uns der Hauptmann mit seinem Glauben ein Vorbild sein. Denn großer Glaube führt zur unerschütterlichen Hoffnung, so wie es Kardinal Suenens einmal formulierte: „Warum sind Sie ein Mann der Hoffnung, auch in dieser Zeit?" So fragte mich der Herausgeber der amerikanischen Zeitschrift „Kritik". Meine Antwort ist: Weil ich glaube, dass Gott jeden Morgen neu ist, glaube ich, dass Gott die Welt heute erschafft, gerade in diesem Augenblick. Er schuf sie nicht etwa nur in grauer Vergangenheit, um sie dann zu vergessen. Sie bedeutet nichts anderes, als dass wir das Unerwartete als den normalen Weg der Vorsehung Gottes erwarten dürfen... Dieses „Unerwartete" ist, da es von Gott kommt, etwas, das aus seiner Liebe zu uns kommt – zum Besten seine Kinder. Ich bin voller Hoffnung, nicht aus menschlichen Gründen oder weil ich von Natur aus ein Optimist wäre. Vielmehr weil ich an den Heiligen Geist glaube, der in seiner Kirche und in der Welt gegenwärtig ist – selbst wenn die Menschen seinen Namen nicht kennen."[34]

Von Grillen, Ameisen und Mäusen – Nährboden für Populismus (31 A)

Jean de La Fontaine erzählte folgende Fabel von der Grille und der Ameise: Eine Grille saß im Feld und sang den lieben langen Tag lang. Es war Sommer und es gab überall genug zu essen. Wanderer erfreuten sich an dem Zirpen der Grille.

Da fragte die Grille die Ameise, die emsig herumlief: „Warum mühst Du Dich so sehr? Es ist doch Sommer und die Natur bietet uns mehr als genug zum Essen?" Doch die Ameise arbeitete fleißig weiter.

Im Winter überkam der Grille ein großes Hungergefühl. Denn sie fand nichts mehr zu essen. Sie traf die Ameise und fragte: „Hast Du auch solchen Hunger?" Die Ameise antwortete: „Nein. Denn wir Ameisen haben im Sommer genug angesammelt, während Du gesungen und gezirpt hast." Und die Ameise ging in seinen behaglich warm gebauten Ameisenbau. Die Grille starb jedoch vor Hunger und Kälte.

Es gibt jedoch noch eine andere Version: Die Grille findet Unterschlupf bei den Mäusen, die sie versorgen und mit denen sie den Winter über singt, während die Ameise nur ihre Vorräte verzehrt.

Die zwei Alternativen stehen für zwei Grundhaltungen: Man muss sich anstrengen und an die Regeln halten, nur dann hat man sein eigenes Brot verdient! (Das ist außerdem das Familien- und Gesellschaftsbild der Republikaner.) ODER: Wir sind untereinander solidarisch und wünschen uns, dass auch die anderen solidarisch sind. Wenn wir fair zueinander sind, ertragen wir auch Unterschiede und Eigenheiten. (Das ist das Familien- und Gesellschaftsbild der Demokraten)

Was passiert jedoch, wenn die Grille diese Strategie immer wieder anwendet? Wenn sie immer wieder bettelnd vor den Mäusen steht und sagt: Wir müssen doch zusammenhalten, gebt mir bitte was ab, wir müssen solidarisch sein! Jedoch im nächsten

Sommer keinen Finger krumm macht und fröhlich das Leben genießt? Die Regeln nach seinen Bedürfnissen brechen und gleichzeitig fordern, dass die anderen sich an die Regeln halten![35] Vermutlich werden irgendwann die Mäuse sich ausgenutzt fühlen und die Grille im Winter nicht mehr in ihren Bau lassen. Diese Verlogenheit hat Jesus bei den Pharisäern und Schriftgelehrten aufgedeckt. Deswegen meint er: Sie reden nur, tun selbst aber nicht, was sie sagen. Sie legen anderen Lasten auf, die sie nicht selbst tragen.

Bernd Stegemann wendet nun diese Fabel auf die Finanzkrise an, um zu zeigen, dass durch die Art und Weise, wie große Banken gerettet wurden, die Enttäuschung und Frustration in der Bevölkerung wuchs. Denn ihr Gerechtigkeitsempfinden wurde alarmiert! Die Banker mögen vor der Krise fleißige und reiche Ameisen gewesen sein. Jedoch als der Winter der Finanzkrise über sie kam, verwandelten sie sich in Grillen, die um Rettung bettelten. Alle Banken wurden gerettet. Jedoch die Ameisen und Mäuse mussten erleben, dass die Banker-Grillen sich weiterhin hohe Boni sicherten, obwohl sie Millionen durch ihre Strategien verbrannt hatten und obwohl für soziale Zwecke oder für mehr soziale Gerechtigkeit oft zu wenig Geld da war! Sie mussten nicht für ihr Handeln haften, obwohl dies eine der Grundsäule der Marktwirtschaft ist.

Die Banken-Manager erscheinen wie die Pharisäer als Grillen, die mit zweierlei Maß gemessen werden wollen und auch gemessen werden. Sie können sogar Geld in Sand setzen und werden trotzdem gerettet und nicht zur Rechenschaft gezogen!

Wie die Banker davon gekommen sind, verstört sowohl die Moral der Ameise wie der Mäuse. Die Verantwortlichen übernahmen nicht Verantwortung und nutzen die Solidaritätsaktionen der Staaten aus. Die Ameisen erscheinen spießig und kaltherzig, wenn sie den Grillen nichts abgeben wollen. Die Mäuse dagegen fühlen sich mehr und mehr ausgenutzt von der Grille. Sollen sie ihr noch helfen? Wird sich die Grille in eine Heuschreckenplage, eine weitere Finanzkrise entwickeln?

Klar: Ameisen und Mäuse bilden zusammen die normale Bevölkerung, die wegen der Art und Weise, wie sich viele Bank-Manager aus der Finanzkrise retten konnten, empört sind und einen Vertrauensriss zwischen ihnen und den Grillen bzw. Banken-Managern und den Politikern verspüren. Genau dieser Vertrauensriss ist eine der Nährstätten für den rechten Populismus. Spitz formuliert meint Stegemann: „Wären bei der Finanzkrise einige Bankhäuser kollabiert und die Eliten dafür persönlich zur Rechenschaft gezogen worden, hätte das dem Gerechtigkeitsgefühl im Volk besser entsprochen und die Hilfsbereitschaft sehr befördert. Dass aber Banken und Aktienbesitzer gerettet und Menschen dafür in Armut gestoßen wurden, hat das Gerechtigkeitsempfinden nachhaltig gestört."[36]

Der Rechtspopulismus erschreckt uns zurecht! Das Erstarken der AfD ist alarmierend! Aber warum bekommen die Rechtspopulisten so viel Zulauf?

Wenn die Finanzkrise so viel Gerechtigkeitsempfinden erschüttert hat, wenn die Schere zwischen Arm und Reich weiter aufgeht und die Mittelschicht Angst vor dem Verarmung hat, dann liegen Gründe für das Erstarken der Rechtspopulisten in der Politik der letzten Jahre und Jahrzehnte!

Der Denker und Theaterregisseur Stegemann bringt es auf den Punkt: „wie in jeder Tragödie haben beide Seiten recht und unrecht zugleich."[37]

Betrachten wir zuerst die Seite der Rechtspopulisten: Richtig ist einiges ihrer Analyse, dass sie die soziale Ungleichheit anprangern und die neoliberalen Werte wie Turbokapitalismus und freie Märkte als Grund für diese Ungleichheit betrachten. Falsch sind ihre Lösungen: Die Ausländer und Flüchtlinge sind schuldig, dass es den Deutschen schlechter geht. Wir als Nation müssen uns abgrenzen und wieder ein einheitliches Volk werden! Sie heizen den Zorn der Frustrierten an und vernebeln ihn mit ihren falschen Lösungen. Flüchtlingsheime werden angezündet. Immer mehr Politiker leiden unter Hassmails, Morddrohungen, Randale auf öffentlichen Kundgebungen, Anschlägen auf Wahlkampfbusse und Parteibüros. Einige haben ihre Arbeit in der Politik aus Angst schon beendet. Die Rechtspopulisten verrohen die demokratische Kultur.

Und wer ist die andere Seite? Das sind einerseits die linken Parteien und andererseits die konservativen Parteien. Das ist insgesamt unser normales Politiksystem! Richtig ist, dass all diese Parteien CDU/CSU, SPD, Grüne, FDP die Rechtspopulisten kritisieren und ihre rassistischen und nationalistischen Lösungen zurückweisen. Aber wo liegen sie falsch? Wo sind sie nicht glaubwürdig? Wo sind ihre inneren Widersprüche Nährstätte für den rechten Populismus?

Vier Widersprüche möchte ich anführen: Doppelmoral der Eliten, neoliberale Ideologie, Political Correctness Ideologie und das Versagen der linken Parteien.

Beginnen wir mit der Doppelmoral der Eliten: „Elite" ist ein schwammiger Begriff. Das kann der Wirtschaftsboss sein, der Milliardär, der Professor, der Minister aber auch der Fußballstar oder auch der EU-Bürokrat. Aber der Zorn richtet sich auf die Eliten, die eine Doppelmoral leben. Die einerseits eine Moral für alle predigen und andererseits daraus Gewinn ziehen, wenn andere sich dran halten. Die hinter der moralischen Rede eigene ökonomische oder strategische Interessen verstecken. Die sich für hohe Moral, z. B. Menschenrechte, in Reden stark machen, aber in ihrem Leben kostet ihnen das nichts. Es kostet nur anderen etwas!

Ein erschreckendes Beispiel: „Eine Recherche in DIE ZEIT Nr 40/2016 hat die trickreichen Kämpfe der wohlhabenden Hamburger Stadtteile gegen Flüchtlingsheime dokumentiert. Das Resultat ist einfach: wer Eigentum besitzt, ist durch die Gesetze vor Flüchtenden in seiner Nähe geschützt. Und von diesem Recht wird gerade von den Milieus gerne Gebrauch gemacht, die am lautesten die Willkommenskultur propagieren."[38] Da erscheinen die Reichen so heuchlerisch wie die Pharisäer im Evangelium. Wenn Eliten beschimpft werden, dann richtet sich diese Rede oft gegen eine solche Doppelmoral: „wer Geld für gute Anwälte hat, muss keine Brandsätze in Unterkünfte werfen. Er kann sie auch vor Gericht verbieten lassen."[39]

Ein anderes Beispiel: Das große Ideal Offenheit. Ja offene Grenzen wünschen sich hauptsächlich große Konzerne, um billigere Arbeitskräfte heranzuziehen. Die Predigt des großen Ideals kaschiert Rediteinteressen: „Wenn Programmierer aus Indien ungehindert in den USA eine Arbeitserlaubnis bekommen, freuen sich die Aktionäre von Google und Co. über die niedrigen Lohnkosten. [...] Für ein solches Verhalten haben die arbeitslos gewordenen Programmierer dann wenig Verständnis, und sie beschimpfen es als elitär."[40]

Natürlich soll es einen Arbeitsmarkt und einen Wettbewerb geben. Jedoch dieser soll durch soziale Sicherungen abgefedert werden. Aber genau diese sozialen Absicherungen wurden in den letzten Jahrzehnten immer mehr ausgehöhlt: „Dass es Rivalität bei den Tafeln gibt, der Mindestlohn ausgesetzt werden soll und der soziale Wohnungsbau über Jahrzehnte zerstört worden ist, zeugt von der reale Missachtung der regierenden Eliten gegenüber den alltäglichen Verteilungskämpfen."[41]

Stegemann fragt: Ist es nicht eine verlogene Moral, plötzlich Solidarität zu fordern, „wo über viele Jahre jede materielle Grundlage für solidarisches Leben zerstört wurde, und die den Staat mit einer schwarzen Null noch immer nichts kosten darf. Oder wieder einmal populistisch ausgedrückt: Wer Jugendzentren schließt, weil die städtischen Haushalte die Schuldenbremse einhalten müssen, sollte weder von Willkommenskultur schwadronieren noch sich darüber empören, wenn Flüchtlingsheime brennen."[42] Harte Worte, aber Stegemann hat nicht ganz unrecht mit seiner Analyse!

Nun zur neoliberalen Ideologie und zur Political Correctness. Zwei Beispiele zeigen deutlich das heuchlerische Zusammenspiel beider:

Erstes Beispiel North Carolina: „In North Carolina war vor einiger Zeit ein landesweit ausgetragene Streit über Toilettenbenutzung von transidenten Menschen entbrannt." Also Menschen, die sich als Frau fühlen und männlichen Körper haben oder umgekehrt. „Hollywoodprominenz und andere Eliten zeigten sich empört, dass es hier zu Diskriminierung kommen sollte. North Carolina ist seit der gewonnenen Wahl von 2012 das Aufmarschgebiet für den reaktionärsten Flügel der Republikaner, der dort seine üblichen Schockstrategien anwendet. Die Pointe bei der Aufregung um die Toilettenbenutzung besteht nur darin, dass ein Staat, der Fracking erlaubt, das öffentliche Schulsystem und die Universitäten kaputt gespart hat, der ein Wahlgesetz eingeführt hat, dass ärmere Menschen systematisch benachteiligt, nun ein Gesetz erlässt, aus dem eine vergleichsweise harmlose Diskriminierung folgt. Der Aufschrei ist aber bei den kulturellen Eliten plötzlich so gewaltig, dass dieser Teil neokonservativer Politik landesweit diskutiert und das Gesetz wohl wieder zurückgenommen wird. Die Empörten sind so begeistert von ihrem Erfolg, dass sie die anderen Teile des Gesetzes dabei übersehen haben: Beamten wird das Recht genommen, gegen Diskriminierung zu klagen, lokale Regierungen wird verboten, Kinderarbeit zu regulieren, und die Einführung des Mindestlohns wird verhindert. Es ist bei diesem Beispiel nicht schwer, die Kollaboration zwischen der öffentlichen Empörung und dem brutalen Durchsetzung von neoliberalen Gesetzen zu sehen."[43]

Um es pointiert zu sagen: Wer sich zu viel damit beschäftigt, wie alle möglichen Variationen von sexuell orientierten Minderheitengruppen gerecht beachtet werden, ob in der Sprache mit großem I oder Sternchen oder bei der Toilettenbenutzung, der übersieht schnell die Ungerechtigkeiten, die der Turbokapitalismus schafft! Er macht sich durch diese ablenkenden Diskussionen letztlich mitschuldig, dass die wirklich großen Ungerechtigkeiten nicht öffentlich diskutiert werden. Die Political Correctness verdeckt die wahren Ungerechtigkeiten des Turbokapitalismus.

Zweites Beispiel: „Als im Herbst 2016 zum Beispiel ein Gewerkschafter wagte, die drohende Altersarmut anzusprechen, wurde er von der Bundeskanzlerin sofort ermahnt, damit aufzuhören, da er mit einer solchen Aussage nur der AfD helfen würde. Eine solche Verkehrung von Ursache und Wirkung scheint inzwischen zur Trickkiste der Regierungspolitik zu gehören. Nicht die drohende Altersarmut, die aus Gesetzesänderungen der CDU-Regierung folgt, ist in dieser Logik das Problem, sondern die Möglichkeit, das verarmte Menschen sich rechten Parteien zuwenden könnten."[44] Oder ein ähnliches Beispiel: „Wenn Sahra Wagenknecht darauf hinweist, dass mit den Flüchtlingen auch eine Reservearmee auf den Arbeitsmarkt drängt, die gerade die unteren Schichten besonders belastet, wird sie als Populisten ausgegrenzt, was im aktuellen Wortgebrauch immer auch meint: Rechtspopulisten."[45]

In diesen Strategien zeigt sich, dass der rechte Protest der liberalen, bürgerlichen Politik ein überraschendes Geschenk macht: Kritik, die soziale Ungerechtigkeit thematisiert, wird sogleich als gefährlich oder sogar als latent faschistisch abgewehrt.[46] So schützt die Political Correctness den Neoliberalismus. Er kann sich weiter durchsetzen.

Was ist der Ausweg aus dem Dilemma? Wenn die Rechtspopulisten falsche Antworten auf richtige Fragen geben, heißt der Ausweg: Die offene Gesellschaft muss ihr Verhältnis zum Neoliberalismus verändern! Zeit für Selbstkritik der bürgerlichen liberalen Politik, um die Doppelbotschaften zu beenden! Jesus empfiehlt: wer sich selbst erniedrigt, das kann auch Selbstkritik bedeuten, der wird erhöht werden!

Und insbesondere die linken Parteien müssten ihre Uraufgabe wiederfinden: Anwälte der Ärmeren sein! Einsatz für sozial

Schwächeren! Wieder Systemkritik wagen und Alternativen zu einem Turbokapitalismus des Neoliberalismus in die Diskussion bringen!

Die Pharisäer legen Lasten den Menschen auf, aber tragen sie nicht selber! Was würden sie sagen, wenn sie diese Lasten tragen müssten? Diesen Gedanke hatte auch Bernd Stegemann: Eine Sondersteuer für das obere Drittel der Gesellschaft, um die Kosten der Flüchtlinge zu tragen – das ergäbe bestimmt eine neuartige Diskussion über das Asylrecht.[47] Wie teuer ist dem oberen Drittel die Willkommenskultur?

Ohne Negativfolie (Fronleichnam)

Ich bin in Nürnberg aufgewachsen. Ich bin dort gerne aufgewachsen. Ich mag die Stadt! Ich mag die Altstadt, den Wiesengrund, die Burg. Ich verbinde viele schöne Erlebnisse mit vielen Plätzen. Und ich sage gerne: Ich bin ein Nürnberger.
Nun gibt es viele Witze, die Nürnberger über die Fürther machen. Drei harmlose seien hier angeführt:
Über Nürnberg lacht die Sonne, über Fürth die ganze Welt!
Oder das Autokennzeichen: FÜ bedeutet Fahrer übt!
Lieber Fünfter statt Fürther!
Was bei all diesen Witzen, besonders bei dem ersten heraus kommt, ist eine bestimmte Logik:
Eine positive Aussage wird betont, indem man andere als Negativfolie dagegen hält.
Kurz salopp gesagt: Wir sind toll, weil die anderen blöd sind.
Über Nürnberg lacht die Sonne, über Fürth die ganze Welt!
Fürth ist die Negativfolie, davor erstrahlt Nürnberg!
Und man fragt sich: Kann man nicht stolz sein, Nürnberger zu sein, ohne die Fürther lächerlich und schlecht zu machen?
Nun hat das Gekappel zwischen zwei Städten ja nicht so viele negative Folgen. Im Franken Derby, wenn Kleeblatt gegen den Club spielt, kann es paar blutige Nasen geben.
Schlimmer hat sich diese Logik in der Kirchengeschichte ausgewirkt: Wir Katholiken sind toll und die wahren Christen, weil die Protestanten falsch liegen und Ketzer sind. Und gespiegelt wurde dieselbe Logik natürlich von vielen Protestanten über Jahrhunderten angewendet. Diese Logik „Wir toll, weil die anderen falsch!" zwischen den Christen hat gerade die Deutschen über Jahrhunderte zu einem geteilten Volk gemacht. Nicht zwischen Ost und West, sondern zwischen katholischer und evangelischer Schule oder zwischen katholischen Maitanz im Dorf A und evangelischen Volksfest im Dorf B. Kinder verschiedener Konfessionen sollten nicht miteinander spielen,

Jugendliche verschiedener Konfessionen nicht miteinander tanzen!

Das diesjährige Reformationsjubiläum ist das erste Reformationsjubiläum, das auf diese Logik verzichtet. Und natürlich ist das nur möglich, weil wir seit über 50 Jahren uns um Ökumene bemühen. Leider fiel Papst Benedikt im Dokument „Dominus Jesus" in diese Logik zurück, als er die evangelische Kirche zu einer kirchlichen Gemeinschaft zurückstufte.

Es ist einer der Hauptaufgaben der Ökumene, diese Logik auf beiden Seiten abzulegen!

Ich darf gerne Katholik sein! Dafür brauche ich nicht behaupten, dass die evangelischen Christen nicht ganz Christen seien, dass die evangelische Kirche nicht ganz Kirche sei usw.

Umgekehrt: Ich darf gerne evangelischer Christ sein! Ich darf stolz sein auf die Erkenntnisse und Fortschritte, die durch die Reformation gekommen sind und uns heute noch alle prägen. Dafür brauche ich nicht behaupten, dass die Katholiken nicht ganz so bibeltreu seien oder ähnliches.

Und warum erzähle ich das heute an Fronleichnam? Hat das etwas mit unserem heutigen Fest zu tun? Fronleichnam ist doch ein urkatholisches Fest!

Ich glaube, das Fronleichnamsfest kann uns zu einer nicht abwertenden Logik führen. Und eine nicht abwertende Logik ist heute wichtig! Das möchte ich nun ausführen!

Mein Dogmatikprofessor in Würzburg ging immer wieder von einem Grundsatz aus: Eine positive Aussage ist keine exklusive Aussage!

Wenn ich sage, dieser Wein schmeckt mir, sage ich nicht, dass der andere Wein mir nicht schmeckt oder dass er schlecht sei! Eine positive Aussage ist keine andere ausschließende Aussage!

Ich kann sagen: Ich bin gerne Nürnberger! Ich brauche die Negativfolie von den blöden Fürthern nicht, um dies emphatisch und begeistert zu sagen!

Wenn wir am Fronleichnamsfest die Monstranz durch unsere Stadt/unser Dorf tragen, dann drücken wir meines Erachtens auch diese Logik aus:

Seht her – in diesem Brot ist Jesus Christus gegenwärtig! In diesem Sakrament begegnen wir, erleben wir ganz lebendig Jesus Christus, unseren Herrn!

Aber eine positive Aussage ist keine exklusive Aussage! Eine positive, begeisterte Aussage braucht keine Negativfolie, um zu erstrahlen!

Wenn ich sage, in diesem Brot, in diesem Sakrament erlebe ich Jesus Christus ganz lebendig, sage ich nicht, dass Jesus Christus woanders nicht gegenwärtig sei, dass ich Jesus Christus woanders nicht begegnen könnte.

Wenn wir am Fronleichnamsfest die Monstranz durch unsere Stadt/unser Dorf tragen, dann erkennen wir auch: Jesus Christus kann ich in unseren Straßen, in den Mitmenschen, im alltäglichen Leben entdecken. Ich kann ihn anders dort entdecken, aber dieses Anders-Entdecken ist nicht weniger, weniger wert.

Wenn wir am Fronleichnamsfest die Monstranz durch unsere Stadt/unser Dorf tragen, dann üben wir uns in die Erkenntnis ein, die Ignatius so formulierte: Gott sehen in allen Dingen!

Der Psychotherapeut Wolfgang Schmidbauer kritisierte vor kurzem die Helikoptermoral: Menschen erheben sich wie ein Helikopter über andere und schießen von diesem erhöhten Punkt auf andere Urteile ab, im Internet, am Stammtisch usw. „Es findet kein Wettbewerb der Argumente mehr statt, sondern ein Wettbewerb der Urteile. […] Man werte sich selbst auf, indem man andere abwerte, das sei die schlimmste aller negativen Energien."[48]

Diese Aussagen zeigen zweierlei: Gerade heutzutage steigt wieder die Gefahr, andere zu einer Negativfolie zu machen! Deswegen ist es heute äußerst wichtig, dass wir die Fronleichnamslogik als Christen leben! Eine positive Aussage ist nicht in sich ausschließend! Ich soll mich darin üben, positive Aussagen zu machen, ohne Negativfolien zu benutzen!

Und das zweite: Ich darf für meine Position und meine Meinung gute Argumente vorbringen. Wir dürfen und sollen ruhig mit Argumenten streiten. Gute Argumente verdeutlichen meine positiven Aussagen. Und der Wettbewerb der Argumente ist wertvoll. Denn nur durch ihn können wir voneinander lernen, uns weiter entwickeln, auch selbstkritisch Fehler bereinigen usw.

Jedoch der Wettbewerb der Argumente wird durch verletzende Urteile verdorben, die den anderen schlecht machen, herabsetzen, als Negativfolie verwenden.

Tragen wir lieber den Geist des Herrn Jesus Christus in die Welt, so wie wir heute die Monstranz durch die Straßen tragen, um seine Gegenwart in allem immer wieder neu zu entdecken!

So können wir ein Segen sein!

Moby Dick und Kapitän Ahab (1. Fastensonntag)

Kennen Sie Moby Dick? Der große weiße Wal, der von Kapitän Ahab verfolgt wird! Nur eine gruselige Abenteuergeschichte? In dieser Geschichte steckt vielmehr! Für Literaturkenner ist Melvilles Roman „Moby Dick" ein Meisterwerk der Moderne. Und für uns heute am 1. Fastensonntag?

Eine große Versuchungsgeschichte! Jesus widersteht der Versuchung! Kapitän Ahab dagegen gibt sich ganz seiner großen Lebensversuchung hin: Der Wahn, dass dieser weiße Wal vernichtet werden muss! Am Ende wird nicht nur er vom Wal verschlungen, sondern sein Schiff und seine ganze Mannschaft außer einem Mann gehen unter.

Noch lehrreicher wird die Geschichte, wenn wir sie als ein Gleichnis für Versuchungen in der Moderne lesen. Im 19. Jahrhundert waren die Wale gefragt. Aus ihren Fetten, dem Tran der Wale konnte man Öl für die Beleuchtung, Kerzen, Seifen, Salben, Suppen, Farben, Gelatine, Speisefette, Lederpflegemittel produzieren. Aus Walöl konnte man sogar Nitroglycerin gewinnen. Ein lukratives Geschäft. Der Walfang war wesentlich für das Wirtschaftswachstum. Fast so notwendig wie heute Erdöl. Aber wie viele Wale mussten deswegen gemetzelt werden! Um 1840 waren z. B. etwa 900 Fangschiffe unterwegs, die in fangstarken Jahren bis zu 10.000 Wale erlegten. Der Völkerbund musste 1931 ein Abkommen zur Begrenzung des Walfangs beschließen, denn die Wale waren inzwischen vom Aussterben bedroht. Im gesamten 20. Jahrhundert wurden zirka drei Millionen Wale erlegt. Der Walfang im 19. Jahrhundert und Anfang 20. Jahrhunderts zeigt die Versuchung der Ausbeutung der Natur. Eine moderne Versuchung, der nicht ein einzelner Mensch erliegt, sondern unsere ganze Gesellschaft, unsere ganze Wirtschaftsstruktur.

Aber der Roman erzählt nicht allgemein vom Walfang, sondern von einem besonderen Wal und einem außergewöhnlichen

Kapitän. Kapitän Ahab steigert die Versuchung ins Extreme. Er will nicht einige Wale fangen und damit Geld verdienen. Er will den gefährlichsten Wal fangen, der ihm sein Bein abgebissen hat. Er will das Unbändige der Natur bändigen. Er wird somit zum Prototyp des modernen Größenwahns, der die Natur insgesamt bezwingen will. Als seine drei Harpuniere sich auf die entscheidende Jagd vorbereiten, „tauft" er die Harpune mit Blut und den gottesverachtenden Worten: Ich taufe dich nicht im Namen des Vaters, sondern im Namen des Teufels!

Es gibt wirklich solche Wale wie Moby Dick. Es sind Könige der Meere, die einsam umherschweifen und anderen Walen, die von Menschen angegriffen werden, zu Hilfe eilen. Sie flüchten nicht. Sie greifen an. Sie verkörpern das Unberechenbare und Unbändige der Meere.

Kennen wir das nicht aus unserer Zeit in viel größerem Maßstab? Das Klima verändert sich und wir wissen, dass unser Wirtschaften und unser immenser Verbrauch fossiler Brennstoffe verantwortlich sind. Aber in Taifunen, Hurrikans, Dürrekatastrophen, die immer häufiger werden, erleben wir das Unbändige der Natur!

Wie kann ein Mensch sich in einen solchen Wahn hineinsteigern, wie kann er sich so mit Geist und Seele und Körper der Versuchung hingeben wie Kapitän Ahab?

Eine Spur einer Antwort kann uns der Ich-Erzähler des Romans geben: Nennt mich Ismael. So beginnt der Roman. Ismael ist im Alten Testament der verstoßene Sohn Abrahams, der ziellos durch die Wüste wandert. So auch der Ich-Erzähler. Er hat keinen inneren Halt. Er ist ausgesprochen wankelmütig. Er will zur See fahren, um seiner inneren Verzweiflung zu entkommen. Ismael kann somit auch als ein typisch moderner Mensch angesehen werden, der empfänglich ist für die Versuchung des Größenwahns. Er wird am Ende der letzte Überlebende sein. Ein Sarg wird ein Rettungsboot sein. Er hat die Aufgabe, andere Wege zugehen als der hasserfüllte Ahab.

Wer könnte ihm ein Vorbild sein? Vielleicht Ahabs Gegenspieler, der erste Steuermann, Starbuck. Er ist ein kühner und erfahrener Seemann, der nüchtern und rational denken kann und sich gleichzeitig immer an seinem christlichen Glauben orientiert und aus ihm leben will. Er ist der einzige, der Ahab kritisch entgegentritt. Einmal erwägt Starbuck sogar heimlich, Ahab zum Schutz der Mannschaft zu töten, lässt aber im letzten Moment davon ab.

Der weiße Wal kann Ismael vielleicht am meisten lehren! Moby Dick verkörpert den unauflösbaren Rest, das unerreichbare Geheimnis, das Unbändige der Natur, das Unfassbare des Wirken Gottes. Wer dieses Geheimnis fassen will, ja tilgen will, wie Kapitän Ahab, will eigentlich wie Gott sein. Das erinnert an die erste Versuchung des Menschen in der Bibel! An einer Stelle erklärt Ahab seinen Hass auf den Wal: „Für mich ist der Weiße Wal die Mauer, dicht vor mich hin gestellt. Dahinter, denk ich manchmal, ist nichts mehr. […] Ich sehe in ihm frevelhafte Kraft, von sehniger und unfassbarer Arglist angetrieben. Dies unfassbare Ding ist es vor allem, was ich hasse; und ob der weiße Wal nun Werkzeug oder ob der weiße Wal der Urheber von allem ist, ich werde mit diesem Hass ihn überziehen. Sprichst du mir nicht von Gotteslästerung, Mann; ich würde selbst die Sonne schlagen, wenn sie mich beleidigt."[49] Ahab möchte herausfinden, ob dieser Wal das unfassbare Geheimnis verkörpert oder ob er nur ein Wal ist. Letztlich möchte er mit blinder Wut herausfinden, ob es einen tiefen Sinn, einen Gott gibt oder nicht. Durch die tragischen Erlebnisse hat Ismael dagegen „erkannt, dass der Mensch sein Bild vom greifbaren Glück durchweg niedriger hängen oder zumindest verlagern muss..."[50] Der wirklich gläubige Mensch stellt sich demütig unter das Geheimnis. Er weiß, dass Gott immer auch absolutes Geheimnis ist und bleibt. Solch eine Demut ist notwendiges Fundament für das friedliche Zusammenleben der Religionen. Wenn ich glaube, dass ich die

Wahrheit besitze, verfalle ich dem Wahn, ich könne mit Gewalt rechtmäßig die Wahrheit verbreitern.

Ismael erlernt dies durch Queequeg, einem Polynesier und Harpunier. Er steht für die Wilden, die die Europäer verachteten, deren Kultur sie als minderwertig einschätzten und denen sie Kannibalismus vorwarfen. Für die damaligen Leser muss allein sein Ritual, sich anzuziehen, äußerst provozierend gewirkt haben: Splitterfasernackt setzt er sich zuerst den Zylinder auf den Kopf. Queequeg möchte nicht Christ werden. Nach seiner Erfahrung hat das Christentum alles nur schlechter gemacht. Deswegen möchte er als Heide sterben.

Ismael überlegt sich: „1. Gottesdienst bedeutet, den Willen Gottes zu erfüllen. 2. Der Wille Gottes ist, dass ich meinem Nächsten tue, was ich will, dass er mir tut. 3. Ich will, dass Queequeg sich mir bei meiner presbyterianischen Form des Gottesdienstes anschließt. Folglich muss ich mich dann bei der seinen anschließen."[51] Mit diesem Gedanken überwindet Ismael die Überheblichkeit des christlichen, europäischen Denkens der damaligen Zeit. Das II. Vatikanum hat dies ebenfalls überwunden, indem es zum Dialog mit anderen Religionen aufruft. Papst Johannes Paul II. hat diese respektvolle Sichtweise in Assisi im Friedensgebet der Religionen vorgelebt.

Die Versuchung des Größenwahns, des Hasses und der totalen Machtergreifung. Das ist eine moderne Versuchung – der wir auch heute noch widerstehen müssen: mit Demut, Gottvertrauen und gegenseitigem Respekt!

Und daraus kann Liebe im Alltag entstehen. Nachdem die Männer der Pequod einen Wal erlegt hatten, mussten sie gemeinsam das wertvolle Walrat herauslösen und durch Kneten und Drücken verarbeiten. Dabei berührte Ismael die Hände seiner Kameraden. Ein zärtliches, freundschaftliches, liebevolles Gefühl kam in ihm auf. In dieser alltäglichen Arbeit spürte er Brüderlichkeit und Nächstenliebe. Christliche Liebe und Freude lässt sich überall entdecken, unscheinbar im Alltag!

Wieder einbeziehen! (20 A)

Mt 15,21-28

Wenn Sie ein Wissenschaftler der Naturwissenschaft sind, dann untersuchen Sie etwas in einem abgeschlossenen System. Z. B. wie reagieren zwei Substanzen miteinander? Dann füllen sie beide in einen Kolben und erhitzen diesen. Andere Stoffe und Einflüsse werden dadurch ausgeklammert. Es gibt nur zwei Stoffe und Hitze.

Wissenschaftler müssen für gewisse Untersuchungen eine vollständige Isolierung durchführen, um gewisse Ergebnisse aus Experimenten bekommen zu können.

Ein lebender Organismus, eine Zelle, eine Pflanze, ein Tier oder ein Mensch jedoch sind immer nur teilweise isolierte Systeme. Alle diese Organismen haben eine schützende Schicht: eine Zellwand, eine Rinde, eine Haut. Jedoch was würde passieren, wenn diese schützende Wand absolut abschottend wäre? Das Leben würde absterben. Leben braucht Austausch zwischen Innen und Außen, kontrollierten Austausch zwischen Innen und Außen.

Es ist ähnlich einer mittelalterlichen Stadt. Sie wurde durch eine Stadtmauer geschützt. Aber an den Stadttoren konnten Waren, Menschen usw. kontrolliert ein- und ausgehen. Wenn ein Stadt belagert wurde und der Austausch an den Stadttoren unterbunden wurde, starben die Menschen über kurz oder lang in der Stadt.

Ein Text des Philosophen Bergson drückt diese Gedanken auf andere Weise aus: Beim Lesen dieses Textes kam ich auf die Gedanken dieser Predigt. Auch deswegen möchte ich Ihnen diesen Text nicht vorenthalten. Ich werde ihn langsam vorlesen. Wenn Sie nicht gleich alles erfassen, grämen Sie sich nicht. Die folgenden Beispiele erläutern Bergsons Gedanken: „Gewiss, das Verfahren, durch welches die Wissenschaft ein System isoliert und in sich abschließt, ist kein ganz und gar künstliches Verfahren. Besäße es keine sachliche Grundlage, so bliebe unbegreiflich, warum es in gewissen Fällen völlig unangebracht und in anderen unmöglich ist. Wir werden sehen, dass die Materie eine Tendenz hat, isolierbare, geometrisch behandelbare Systeme zu bilden. Wir werden sie sogar gerade durch diese Tendenz definieren. Doch es ist nur eine Tendenz. Die Materie führt sie nicht zu Ende, und die Isolierung wird nie eine vollständige. Und wenn die Wissenschaft sie zu Ende führt und etwas vollständig isoliert, so nur der Bequemlichkeit der Untersuchung zuliebe. Stillschweigend setzt sie voraus, dass das isoliert bezeichnete System gewissen äußeren Einflüssen unterworfen bleibt. Nur lässt sie diese schlicht beiseite, sei es, weil sie ihr schwach genug erscheinen, um vernachlässigt zu werden, sei es, weil sie sich vorbehält, sie später zu berücksichtigen. Deshalb aber bleibt es nicht minder wahr, dass all diese Einflüsse Fäden sind, die das System mit einem anderen, umfassenderen verknüpfen, dieses mit einem Dritten, dass beide umschließt, und sofort bis hin zu dem im objektiven Sinne isolierten und unabhängigen System: im Sonnensystem in seiner Gesamtheit."[52]

Eine wissenschaftliche Strategie ist es also, gewisse Einflüsse auszuklammern, ein abgeschlossenes System zu schaffen, um in diesem Experimente durchzuführen, um neue Erkenntnisse zu bekommen.

Jedoch Bergson betont, es kann nur vorläufig sein. Die Wissenschaft muss für weitere Untersuchungen auch ausgeklammerte Einflüsse wieder mit einbeziehen.

Warum kann das alles für uns interessant sein? Ein umweltpolitisches Thema zeigt sogleich die Brisanz unserer Überlegungen. Ein Unternehmen stellt Jeanshosen her. Die Chemikalien für die Waschungen schüttet sie in den benachbarten Fluss. Kein Problem. Er fließt ja ins Meer. Wenn wir von diesem Unternehmen eine Jeanshose kaufen, dann bezahlen wir die Baumwolle, die Herstellungskosten, den Handel. Aber die Entsorgung der Chemikalien bezahlen wir nicht. Diese Kosten, die die Natur übernehmen muss, hat das Unternehmen nicht in seiner Kalkulation. Zum Glück, mag man meinen, denn sonst wäre die Jeanshose teurer! Die Firma hat den Einfluss, den sie auf die Umwelt hat, ausgeklammert. Auch hier gilt: Die erst einmal ausgeklammerten Zusammenhänge müssen wieder einbezogen werden. Wenn der Staat, die EU oder eine Umweltbehörde diese Firma zwingt, das Abwasser zu reinigen, bevor es in den Fluss gelassen wird, dann sind diese Zusammenhänge wieder mit einbezogen. Und wenn der Staat nicht die Firma zum Umdenken zwingt, können vielleicht Proteste der Verbraucher die Firma zur Einsicht bringen.

Ein anderes Beispiel: Misereor berichtete in der Fastenaktion 2017 von ihren Projekten in Burkina Faso: Dörfer mit Ziegen und Milchkühen bekommen ein solarbetriebenes Kühlhaus. So können sie die Milch länger aufbewahren, zu Butter und Käse verarbeiten und diese Produkte auf regionalen Märkten verkaufen. Die Kinder bekommen frische Milch, die Dorfbevölkerung kann durch Verkauf besser verdienen. Jedoch eines macht ihnen zu schaffen: Das billige Milchpulver aus der EU! Ärmere Familien kaufen das billige Milchpulver, obwohl es nicht so wertvoll in den Nährstoffen ist wie die frische Milch aus dem Nachbardorf, obwohl sie mit diesem Kauf nicht die lokale Wirtschaft fördern. Europa produziert immer noch zu viel Milch. Mit immensen Subventionen können die europäischen Bauern sich das leisten, Überschüsse zu Milchpulver zu verarbeiten und den afrikanischen Markt damit zu überschwemmen. Das ist eine Marktverzerrung. Ungleiche Partner treffen aufeinander. Das Milchpulverbeispiel ist nur eines unter vielen. Klimawandel, Missernten, verzerrte Märkte führen dazu, dass Menschen ihre Heimat verlassen.

Unser Milchpulver soll weiterhin von der EU nach Afrika geschafft werden, aber bitte keine Wirtschaftsflüchtlinge aus Afrika. Das soll Frontex verhindern!

Europäische Politiker fordern in ihren Wahlreden, dass man die Fluchtursachen bekämpfen müsse. Ja solange sie die

Fluchtursachen, die der europäische Markt und die europäische Agrarpolitik selbst verursacht, nicht anpacken, sind ihre Reden nicht glaubwürdig. Stefan Weidner forderte in seinem Artikel: „Islamismus Was Terroristen antreibt. Der Westen traut sich nicht, die Ursachen von Islamismus ernst zu nehmen. Warum eigentlich nicht?" völlig zurecht: „Zudem muss der aggressive Agrarexport nach Afrika so bald wie möglich unterbunden, das heißt die europäische Agrarlobby in die Schranken gewiesen werden."[53]

Auch hier wieder: Gewisse Zusammenhänge von Innen und Außen werden gerne übergangen. Aber die ehrlichen Lösungen kommen nur zustande, wenn die ausgeklammerten Zusammenhänge wieder thematisiert werden.

In unserem heutigen Evangelium von der kanaanäischen Frau erleben wir Jesus erst einmal sehr abweisend. Er klammert in seiner Vorstellung, für wen er da ist, die anderen Völker und Menschen aus: Ich bin nur zu den verlorenen Schafen des Hauses Israel gesandt. Hier zeigt Jesus ganz menschlich, dass seine Sichtweise auf seinen Bereich ausgerichtet war und dass er gewisse Beziehungslinien und größere Zusammenhänge ausklammerte. Er verband leider das Ausgeklammerte auch mit einer Abwertung in seiner Erwiderung: Es ist nicht recht, das Brot den Kindern wegzunehmen und den Hunden vorzuwerfen. Die Juden sind also die Kinder, die Heiden die Hunde. Die Frau reagiert geschickt und lädt Jesus zum Umdenken ein. Jesus erkennt, lernt dazu und heilt. Wie bei allen vorangegangen Beispielen geht es auch hier darum, die ausgeklammerten Zusammenhänge, Verbindungslinien wieder ernst zu nehmen, in die Überlegungen einzubeziehen.

Diese Lernbewegung, die Jesus im heutigen Evangelium vollzieht, müssen wir anscheinend als neuzeitliche, moderne Menschen alle mehr oder weniger vollziehen! Denn: Das neuzeitliche Menschenbild versteht den Menschen als ein unabhängiges Subjekt. Descartes, der erste moderne Philosoph, der Begründer der Neuzeit und Moderne, hat alles angezweifelt: Er untersuchte alle Verbindungslinien des Menschen und konnte nichts finden, auf das er absolut bauen könne. Ich kann meinen Sinnen nicht trauen. Denn ich kann mich täuschen. Ich kann den Gegenständen nicht trauen. Denn sie könnten Illusion sein usw. Also bleibt mir nur meine Gewissheit, dass ich denke. Damit ist der moderne Mensch in seinem Menschenbild erst einmal ein einzelnes unabhängiges Ich, das sein Fundament in sich selber sucht und zu finden meint. Erst danach, nicht zeitlich, sondern logisch danach, nimmt der Mensch mit seinem Außen, mit den Dingen und den Mitmenschen Kontakt auf.

Aber damit klammert er aus, dass er schon immer eingebettet ist: eingebettet ist in einen soziale Gemeinschaft – kein Baby kann alleine aufwachsen. Eingebettet ist in eine Sprachgemeinschaft – jeder Mensch lernt denken in seiner Muttersprache. Eingebettet ist in einen moralischen Raum – kein Kind lernt Spielregeln und die Unterscheidung von gut und schlecht ohne Kontakt mit seinen Mitmenschen. Eingebettet ist in die ihn umgebende Natur – jeder Mensch ernährt sich von funktionierenden komplexen Ökosystemen und lebt in ihnen. Jeder Mensch ist immer schon in Kultur und Natur eingebettet.

Fazit: Wir überwinden viele unserer Probleme, wenn wir ausgeklammerte Verbindungen und Zusammenhänge wieder einbeziehen, würdigen, thematisieren und dann neue Perspektiven, Denkweisen und Handlungen entwickeln.

Terrorkrieg: Die ich rief, die Geister, werd ich nun nicht los! (23 C)

Lk 14,25-33

Kennen Sie die Ballade „Der Zauberlehrling" von Goethe? Der Zauberlehrling überschätzt sich und wagt den Zauberspruch: Der Besen wird lebendig und bringt Wasser herbei. Jedoch er hat vergessen wie der Zauber beendet werden könne. In seiner Verzweiflung spaltet er mit dem Beil den Besen. Jedoch das macht die Misere nur noch schlimmer. Nun laufen zwei Besen und bringen die doppelte Menge an Wasser herbei. Der Lehrling kann nur noch rufen: Helft mir, ach! ihr hohen Mächte! Vor dem Meister bekennt er zerknirscht: Die ich rief, die Geister, werd ich nun nicht los!

Dieser Lehrling hat sich nicht vor seinem Vorhaben hingesetzt und alle möglichen Konsequenzen bedacht und seine Fähigkeiten und Vermögen kritisch beurteilt. Das empfiehlt Jesus allen heute im Evangelium. Allen, die einen Turm bauen, einen Krieg gewinnen oder Jünger Jesu werden wollen.

Erschreckend, dass die westliche Politik in ihrer Orientpolitik weder die Lehren des Evangeliums noch die des Zauberlehrlings beachtet haben. Jedoch es gibt keinen Meister, der wie bei Goethes Ballade mit einem Zauberspruch das Unheil beenden könnte. Vielmehr erleben wir seit über 60 Jahren, dass Sturm ernten wird, wer Wind sät. Michael Lüders langjähriger ZEIT Nahost-Korrespondent hat diese Metapher als Buchtitel gewählt. Wer diese Analyse der westlichen Politik im Orient liest, ist erschreckt.

Denn in den verschiedensten Variationen haben insbesondere die Amerikaner immer wieder dieselben Zauberlehrlingsfehler begonnen. Und man fragt sich: Wie viele Menschen müssen noch leiden und sterben? Wie viele Zauberlehrlingsfehler müssen noch begannen werden?

Lüders Fazit schreibt er gleich in der Einführung: "Die Region von Algerien bis Pakistan stellt mittlerweile eine nahezu durchgängigen Krisenbogen dar, heimgesucht von Kriegen, Staatszerfall, Stagnation und Gewalt. Die Gründe dafür sind vielfältig, zwei stechen hervor.

Zum einen das Unvermögen und der Unwille der jeweiligen Machthaber, andere als Klientel Interessen zu bedienen. Jedwede Opposition wird gewaltsam unterdrückt. Bis es zum großen Knall kommt, zuletzt im Zuge der arabischen Revolte. Es folgte Herrschaft von Militärs, Milizen oder Wohnorts, vom Clans und Stämmen, von religiösen oder ethnischen Gruppen – mithin Kleinstaaterei, Selbstzerstörung und Barbarei. In diesem Umfeld gedeihen unterschiedliche Gruppen von Dschihadisten, denen der Koran als Folie zur Rechtfertigung von Willkür, Eroberung und Terror dient.

Zum anderen die seit kolonialen Zeiten betriebene westliche Einflussnahme, darunter die von Großbritannien und Frankreich nach dem Ersten Weltkrieg mit dem Lineal gezogenen Grenzen der meisten arabischen Staaten. In den 1950 er Jahren wurde die USA zur Hegemonialmacht in der Region. Washingtons Interventionen, allen voran der Putsch 1953 in Teheran, wirken bis heute fort, auch wenn sie bei uns, im Westen, längst vergessen sind oder vom Bild einer wohlwollenden, „unersetzlichen" Macht überlagert werden."[54]

Ganz klar: die einheimischen Mächtigen haben sehr viel zu dem Chaos in ihren Ländern beigetragen. Jedoch warum sollten wir Deutsche uns insbesondere mit den Fehlern der westlichen, amerikanischen Nahost-Politik beschäftigen? Erstens: weil wir zum Westen gehören, weil wir teilweise die amerikanische Nahost-Politik mit unterstützt haben, weil die deutsche Waffenindustrie gut daran verdient hat! Ja, weil wir gemäß christlicher Lehre erst mal den Balken im eigenen Auge erkennen sollen!

Zweitens: weil der Westen Werte wie die Menschenrechte, die Demokratie, wachsenden Wohlstand und Völkerverständigung angeblich vertreten will – jedoch oft genug diese eigenen Werte in seiner Nahostpolitik mit den Füßen getreten hat.

Dabei hat die amerikanische Nahostpolitik sich wiederum nicht an die Weisheit der Gleichnisse Jesu gehalten: Anstatt sich zu fragen, ob das wirklich Unkraut ist, ob wir nicht zu viel guten Weizen heraus reißen, haben sie großflächig quasi mit dem Flammenwerfer von Putsch, Krieg und brutalen Sanktionen das Feld zerstört – der gute Weizen wuchs nicht mehr. Das Unkraut konnte sich noch mehr verbreitern.

Einige Etappen des Zauberlehrlings namens westliche Orientpolitik in Kurzform:

1. Etappe: 1953 ist Mossadegh Premierminister, vom Parlament bestätigt. Er wollte die iranische Ölindustrie vom britischen Monopol befreien. Die Briten baten die Amerikaner, sie zu unterstützen, um Mossadegh zu stürzen. Die Geheimdienste beider Länder organisierten einen erfolgreichen Putsch am 19. August 1953. Der nun herrschende Schah Mohammed Reza war ein Autokrat und Diktator, der sein Land den Amerikanern als Militärstützpunkt zur Verfügung stellte, Großprojekte förderte, so dass der Großteil der Bevölkerung weiterhin in Armut lebte.

Mossadegh wurde von Briten und Amis als „Unkraut" bezeichnet, das es herauszureißen galt. Westliche Politiker verwendeten sogar den schlimmsten „Unkrautstempel", den man verteilen kann: Er sei ein Hitler – obwohl er ein überzeugter Parlamentarier und Vertreter demokratischer Werte war.

Die amerikanische Politik hat mit diesem Putsch ihre Unschuld im Nahen Osten verloren: Sie predigen Demokratie und stürzen mit einem Putsch einen demokratisch bestätigten Premierminister. Sie brechen damit das Völkerrecht. Weil sie noch in kolonialer Weise nicht zulassen wollen, dass der Iran allein sein Öl fördert und verkauft.

68

Die Konsequenzen: die iranische Revolution 1979! Bis heute vertrauen iranische Politiker nicht der amerikanischen Politik. Sie fragen sich: Warum sollen wir über Atomwaffenreduzierung verhandeln? Denn wer weiß, ob sie sich jetzt an ihre Versprechen halten!

2. Etappe: Afghanistan. Amanullah Khan versuchte als erster König nach der Unabhängigkeit in den 1920er Jahren das Land zu modernisieren, ebenso der Großneffe Mohammed Daoud Khan, der 1973 mit einem unblutigen Coup die Monarchie beendete und sich zum Präsidenten ernannte. Aber wie soll man ein Land, das noch völlig wirtschaftlich und gesellschaftlich im Mittelalter steckte, eilig modernisieren?

1978 liquidierten die Kommunisten Daoud und übernahmen mithilfe der Sowjets die Macht. Auch sie versuchten Modernisierung und Alphabetisierung für alle, scheiterten am Widerstand der Clanführer, der Landbevölkerung und der Geistlichkeit.

Brzezinski, der Sicherheitsberater, bekam von Präsident Carter im Juli 1979 den Auftrag, die afghanischen Mudschahedin, also die Gegner der kommunistischen Regierung, zu unterstützen. Wenn das die Sowjets zwingen würde, militärisch zu intervenieren – umso besser: Dann hätten die Sowjets ihr Vietnam, das ihnen die Kraft rauben würde. Brzezinski im Interview 2001: „10 Jahre lang war Moskau gezwungen, einen Krieg zu führen, der die Möglichkeiten der Regierung bei Weitem überstieg. Das wiederum bewirkte eine allgemeine Demoralisierung und schließlich den Zusammenbruch des Sowjetreiches."[55]

Um das zu erreichen, unterstützen die Amis islamische Fundamentalisten, die den Talibanstaat Afghanistan errichteten. Begeisterte radikale Islamisten stürmten zu Tausenden in den Heiligen Krieg gegen die Sowjets, finanziert von Saudi-Arabien und USA.

Auch so eine gefährliche Allianz: Die Saudis, deren Königshaus eng mit der wahhabitischen Auslegung des Islam verbunden ist. Der wahhabitische Islam ist mit seiner totalen Obrigkeitshörigkeit und extremen Ablehnung und Verteufelung aller Andersgläubigen das ideologische Material aller islamistischen Terroristen! Nur wegen deren Öl macht der Westen Geschäfte mit den Saudis und verbündet sich mit ihnen!

Aber nach dem Krieg bemühten sich die USA viel zu wenig, eine Zivilgesellschaft aufzubauen. Ein zerrüttetes Land in der Hand der Mudschahedin, mit vielen begeisterten radikalen islamistischen Kämpfern: die Brutstätte für Al-Qaida! Als die Russen abzogen, legte Osama bin Laden 1988 eine Liste von Kämpfern an – mit dem Ziel, den Dschihad in die arabische Welt zu tragen und die pro-westlichen Regierungen zu stürzen. Er wollte in seiner Heimat Saudi-Arabien anfangen! Jedoch weil er ins Visier des Geheimdienstes der Saudis kam, änderte er seine Pläne und plante ab der Mitte der 1990er Jahre spektakuläre Anschläge: der größte 11 September 2001!

Die ich rief, die Geister, werd ich nun nicht los!

Das Muster wiederholt sich: Kurzfristige Erfolge durch Putsch, Stellvertreterkriege usw. – dann aber Zerfall ganzer Staaten und das Wachsen gewaltbereiter Islamisten. Wer den guten Weizen großflächig beseitigt, um Unkraut zu beseitigen, darf sich nicht wundern, wenn bald danach noch mehr Unkraut sprießt und gedeiht!

Die Taliban waren zunächst nicht antiamerikanisch eingestellt und hätten Osama bin Laden gesucht und ausgeliefert. Musste Clinton am Höhepunkt der Lewinsky-Affäre Stärke zeigen und gab deswegen den Befehl, dass am 20. August eine Cruise Missiles in das Ausbildungslager Osamas flog? Danach verweigerten die Taliban die Zusammenarbeit. Denn die USA hatte ohne Absprache eine Rakete in ihr Land Afghanistan geschossen!

3. Etappe: Der Offizier Saddam Hussein putschte sich 1979 an die Macht! Mit der Unterstützung auch der USA griff er den Iran nach seiner Revolution an, um letztlich neue Ölfelder zu gewinnen. Am 20.12.1983 sehen wir Rumsfeld Saddam Hussein die Hände schütteln. Die USA wollten auf jeden Fall verhindern, dass der Iran den Krieg gewinnt und unterstützten den Irak. Der Krieg zog sich in die Länge und kostete eine Millionen Menschenleben! Doch nach dem langen Krieg erdrückten die Kredite aus Washington das geschwächte Land Irak.

Irgendwie musste Geld her – und der Despot Saddam Hussein verstand die Aussage der US-Botschafterin am 25.Juli 1990 als Freibrief: „Ich weiß, dass Sie Gelder benötigen. [...] Wir haben keine Meinung zu innerarabischen Konflikten, auch nicht zu Ihren Grenzstreitigkeiten mit Kuweit.“[56]

So überfiel er am 2. August 1990 Kuweit. Der geförderte Saddam Hussein fiel sofort in Ungnade. Er vergriff sich ja an der „amerikanischen Tankstelle Kuweits“. Treffend von Lüders formuliert! Vor 7 Jahren schüttelte Rumsfeld ihm die Hand, jetzt war er ein „zweiter Hitler“. Die Befreiung Kuweits durch die Amerikaner kostete 62 Milliarden Dollar, die Hälfte übernahm Saudi-Arabien.

Danach folgte 10 Jahre extreme Sanktionspolitik gegenüber dem Irak. Nicht einmal genügend medizinische Geräte oder Arzneien durften eingeführt werden. Es fehlte Chlor zur Trinkwasseraufbereitung, Aspirin gab es nur zu horrenden Preisen auf dem Schwarzmarkt. Mehr als eine Millionen Menschen starben durch diese extreme Sanktionspolitik des Westens. Davon waren eine halbe Million Kinder. Und die Außenministerin Albreight verteidigte diese Taktik: „Ich denke, das ist eine sehr harte Wahl, aber der Preis – wir glauben, dass es den Preis wert ist.“[57] Das ist menschenverachtend! Und das Ergebnis ein zerstörter Staat: Vor den Sanktionen war das Gesundheitssystem des Irak intakt, danach zerstört und die Kinder-Sterblichkeitsrate extrem gestiegen.

Die Etappen könnten bis heute weiter geführt werden. Ich schilderte die ersten Etappen, um zu zeigen, wie lange schon dieser immer gleiche Strategie zum Desaster des Zauberlehrlings führt!

Andrea Böhm in der ZEIT fasste die Entwicklung nach dem 11. September so zusammen: „So paradox es klingen mag: **Der Krieg gegen den Terror reproduziert exakt den Terrorismus, den er eigentlich bekämpfen will.**

Nichts an dieser Entwicklung war zwangsläufig – auch nicht der gegenwärtige globale Ausnahmezustand. Die Alternativen wurden 2001 durchaus diskutiert: Es wurde erwogen, die Anschläge in New York und Washington nicht als Kriegshandlung, sondern als Verbrechen einzustufen; Täter und Hintermänner im Rahmen einer weltweiten Polizeiaktion zu verfolgen, nicht als Gegner in einem Krieg; die offensichtlichen Schwachstellen der Sicherheitsbehörden zu beheben; internationale Verrechtlichung und Kooperation zu stärken. [...] Eine Doktrin, die seit 16 Jahren immer wieder das Gegenteil von dem hervorbringt, was sie erreichen soll, müsste eigentlich längst auf dem Müllhaufen der Geschichte gelandet sein."[58]

Andrea Böhm hat völlig Recht: Der Terrorkrieg hat den IS hervorgebracht. In Kurzform: Bush junior begann 2003 unter der Parole „Krieg gegen den Terror" den zweiten Irakkireg. Nach dem Sturz von Saddam Hussein sorgten die Amis weder für Sicherheit und Ordnung noch für die Wiederherstellung von Strom- und Wasserversorgung. Der Zivilverwalter Bremer wollte einen neoliberalen Modellstaat errichten und zerstörte mit Privatisierungen funktionierende staatliche Strukturen. Die Besatzungsmacht versäumte es, mit den unterschiedlichen religiösen und ethnischen Gruppen durch einen nationalen Dialog eine Neuordnung zu gestalten. Und sie lösten die irakische Armee und die Baath-Partei völlig auf. Hunderttausende Iraker verloren Job und Ansehen. Diese Frustrierten waren der fruchtbare Boden für den IS.

Um aus diesem immer größer werdenden Strudel von Terror und Antiterrorkrieg und Stellvertreterkriegen usw. herauszukommen, braucht es vielleicht als erstes eine andere Haltung. Vielleicht genau die, die Paulus in seinem Brief an Philémon eingenommen hat. Paulus möchte den Christ und Sklaven Onésimus gerne bei sich als Unterstützung und Freund behalten. Jedoch will er das nur, wenn der Herr von Onésimus, der Christ Philémon, zustimmt. Deswegen schreibt er einen liebenswürdigen Brief, in dem er Philémon einlädt, aus freien Stücken Onésimus frei zu lassen, weil Onésimus Christ ist wie Philémon.

Paulus übt keinen Druck aus, sondern bittet Philémon auf Augenhöhe.

Ist das nicht, was große besonnene Diplomatie ausmacht? Dass sie dem anderen Respekt entgegenbringt? Dass sie zwar die eigenen Interessen durchsetzen möchte, aber nicht so, dass der andere sein Gesicht verliert? Dass sie nicht das Unkraut mit dem Flammenwerfer beseitigt? Dass sie sich auch genauer überlegt, welche Folgen ihre Strategien haben könnten? Dass sie so handelt, dass ihre Werte (wie Demokratie und Menschenwürde) nicht völlig entgegengesetzt zu ihrem Handeln sind?

Friedensvermittler (Pfingsten)

Der Heilige Geist weht, wo er will! Er wirkt auf Wegen, die wir uns manchmal schwer vorstellen können. Das dachte ich mir, als ich mit großem Erstaunen und höchsten Respekt ein Dossier in der ZEIT über zwei Friedensvermittler las.[59]

Die Nichtregierungsorganisation „Zentrum für humanitären Dialog" schickt ihre Vermittler in schwierigste Gebiete: Ukraine, Libyen, Syrien. Was können private Friedensvermittler ausrichten in einer Welt mit derzeit 38 bewaffneten Auseinandersetzungen? Was vermögen sie, was Regierungen, die UN oder die EU nicht schaffen? Und wie bleiben sie dabei unabhängig?

Normalerweise arbeiten sie im Stillen. Sie reden mit den verschiedensten Parteien und Gruppierungen, mit Rebellen, mit Regierungsbeamten, mit Kämpfern, mit Wissenschaftlern, mit Politiker, mit Bürgergruppierungen. Und sie bringen Menschen wieder in einen Dialog, die eigentlich nicht mehr miteinander reden sondern eher aufeinander schießen.

David Gorman z. B. vermittelte zwischen Ukrainern und prorussischen Separatisten. Es bestand die Gefahr, dass ein ökologisches Desaster im Separatisten-Gebiet Donez-Becken droht: „Die Böden könnten durch Bombenangriffe verseucht worden sein, der Region könnte das Trinkwasser ausgehen. Deshalb bräuchten die Wissenschaftler aus Kiew dringend Kontakt zum lokalen Wasserunternehmen Voda Donbassa. Aber die Experten beider Seiten dürfen nicht mehr direkt miteinander sprechen. Sie haben Angst, wegen »illegaler Kontakte« zum Feind angezeigt zu werden. Deshalb bringt Gorman an diesem Tag die ukrainischen Wissenschaftler mit westlichen Diplomaten zusammen."

„David Gorman hat sich Notizen gemacht und zugehört. Zuhören bis zur Erschöpfung, Interesse zeigen, Menschen das Gefühl geben, gehört zu werden, das sind die wesentlichen Eigenschaften eines Friedensvermittlers. Am Ende fasst er die nächsten Schritte zusammen: Ein Experte von Voda Donbassa soll mithilfe der westlichen Diplomaten nach Kiew eingeladen werden, eine gemeinsame Arbeitsgruppe soll entstehen, um Wasserproben in den bedrohten Gebieten zu nehmen. »Um Politiker zu überzeugen, brauchen wir harte Fakten«, sagt Gorman. Er hofft, die Sorge um die Umwelt könne die verfeindeten Parteien einander näher bringen, weil die Gefahr beide Seiten betrifft. Und wenn es gelingt, sich über das Trinkwasser zu verständigen, ist es vielleicht auch möglich, sich auf Grenzlinien und Waffenruhen zu einigen. Es könnte ein kleiner Schritt in Richtung einer Versöhnung zwischen Russland und der Ukraine sein."

Was hilft bei diesen Gesprächen? „Kekse sind gut, Whisky ist ab und zu noch besser. Etwas muss die Gesprächspartner entspannen, die Stimmung aufhellen, wenn Verhandlungen beginnen. Zucker oder Alkohol. Darauf können sich fast alle einigen."

Und für die Vermittler ist das Wichtigste, dass sie zuhören können. Zuhören schafft Vertrauen, Beziehung. Sein Kollege Grandjean fasst diese Haltung und Einstellung in einem Satz zusammen: »Mich interessiert die Person, nicht das, was sie repräsentiert« Zuhören mit Interesse, ohne gleich zu werten. Und wenn man seinen Beruf zusammenfassend in Kurzform beschreiben soll, nennt Grandjean zwei Eigenschaften: Frust und Geduld. Warum machen sie es trotzdem: „Ich glaube, dass Dialog tatsächlich etwas verändert." Und außerdem: „Was macht mehr Sinn als Frieden zu stiften?"

Und die Geduld und der Frust zeigen Früchte: In den vergangenen sechs Jahren war das Zentrum für humanitären Dialog an 35 Abkommen beteiligt! Das deutsche Außenministerium z. B. finanziert einige Projekte des Zentrums im Libyen.

„Unabhängige Vermittler seien in der Lage, mit Menschen zu sprechen, die Regierungsvertreter aus Sicherheitsgründen oder politischen Erwägungen nicht treffen könnten. Männer wie

Grandjean und Gorman sind die Ausputzer der Weltgemeinschaft. Sie reden auch mit jenen, mit denen sonst niemand redet – dem IS, den Taliban, Al-Kaida." Ungefährlich ist ihr Job nicht. Ganz im Gegenteil, sie riskieren für diese Friedensgespräche auch manchmal ihr Leben: „»Entweder sie vertrauen dir, oder sie bringen dich um«, sagt Grandjean. Er vergleicht sich und seine Kollegen mit Akrobaten, die in einer Zirkuskuppel turnen, nur dass sie kein Netz auffange, wenn sie fallen."

Geld von in Konflikten verstrickten Staaten wie USA oder Frankreich nimmt das Zentrum nicht an, weil sie sonst nicht unbefangen und unabhängig ihre Vermittler in schwierige Krisenregionen wie z. B. den Nahen Osten schicken könnten.

Für mich leisten Grandjean und David Gorman Pfingstarbeit: Mit dem Geist der Sehnsucht nach Frieden, mit dem Geist des Zuhörens und des Dialogs, mit dem Geist der Geduld bringen sie Menschen mit unterschiedlichen Sprachen, Interessen, Ansichten – ja Menschen, die Hass, Gewalt, Angst trennen, zusammen! Das ist kein schnelles Pfingstereignis. Es braucht sehr sehr viel Geduld und Frustrationstoleranz und Glauben an die Macht des Dialogs.

Pfingsten: Der Geist führt Menschen zusammen, die sonst nicht zusammenkommen.

Der Geist lässt Menschen miteinander sprechen, die eigentlich nicht miteinander reden.

Der Geist lässt Gemeinschaft erfahren über Grenzen hinweg.

Auch heute noch – sogar an Orten, wo wir es nicht vermuten. Dafür braucht der Geist aber Menschen wie Grandjean oder David Gorman.

Pfingsten passiert auch heute, wenn auch oft im Stillen, mühsam, in kleinen Schritten!

Und Pfingsten ist wichtiger denn je! Denn mit dem Klimawandel stehen wir vor einer Herausforderung, die nur Pfingsten lösen kann. Um es ganz knapp pointiert zu sagen: Ein CO_2 Molekül hält sich nicht an Ländergrenzen. Ein CO_2 Molekül aus einem Kohlekraftwerk in den USA oder aus Deutschland kann irgendwohin fliegen. Mehr CO_2 Ausstoß der USA belastet die ganze Erdatmosphäre! Es kommt noch schlimmer: Den Klimawandel trifft nicht Amerika first, USA zuerst. Die Folgen des Klimawandels treffen ungerechterweise Dritt-Welt-Länder first, also eher und stärker. Gerade die Länder, die wenig Mittel haben, sich gegen die Folgen zu schützen.

Wir können diese Herausforderung durch einen Pfingstgeist überwinden, der Ländergrenzen überschreitet. Henri Bergson betonte deswegen immer, dass die Menschheitsliebe ein offenes Ganzes ist. Sie überschreitet die Grenzen aller Gruppenegoismen. Ich kann egoistisch sein gegenüber meinem Mitmenschen: Ich zuerst! Ich gegen die anderen. Ich kann zu meiner Clique halten und sagen: Wir zuerst! Eine geschlossene Gruppe gegen die anderen. Das ist dann ein Gruppenegoismus. Und ich kann das auch auf meine Nation ausweiten: America first! Das ist dann ein Nationenegoismus! Da „liebe" ich immer eine geschlossene Gruppe, indem ich andere wegstoße, ausgrenze, herabsetze. Das ist alles nicht Pfingsten! Jesu Geist provoziert uns zur Menschheitsliebe, die jeden Gruppenegoismus übersteigt! Jesu Geist treibt uns an, universelle Solidarität und internationale Zusammenarbeit immer mehr aufzubauen.[60]

Und das zeigen die Friedensvermittler Grandjean und David Gorman deutlich: Diese Überwindung geschieht auf dem steinigen Weg der Feindesliebe, dass mit viel Geduld und Frust Feinde wieder miteinander reden.

Sie stehen für die Hoffnung, dass nicht nur Krieg, Terror und Gewalt sich durchsetzen, sondern dass Pfingsten auch heute möglich ist und auch geschieht, sogar an Orten, wo man es gar nicht vermutet!

Die Kombination zweier Strategien ergibt eine besondere Haltung (9 B)

2 Kor 4,6-11

Die gewaltfreie Kommunikation betont einen sehr interessanten Unterschied: Der Unterschied zwischen „fordern, drängen" und „beständig an etwas festhalten". Wenn ich fordere, will ich, dass mein Wille erfüllt wird. Notfalls übergehe ich, dass der andere Nein gesagt hat, dass der andere zögert. Notfalls setze ich Druck ein, fordere ihn auf oder dränge ihn usw.

Wenn ich beständig an etwas festhalte, dann ist mir etwas wichtig, dann weiß ich, was meine Werte, Prinzipien und Bedürfnisse sind. Ich bringe immer wieder beharrlich diese Bedürfnisse, Werte und Prinzipien in das Gespräch ein. Aber ich lasse dem anderen die Freiheit, Nein zu sagen, anderes vorzuschlagen, anders zu reagieren, als mir gefällt usw. Ich werde ihn nicht für sein Nein, seine andere Meinung oder Verhalten bestrafen. Ich werde aber gleichzeitig weiterhin meinen Bedürfnissen, Werten und Prinzipien treu bleiben – außer der andere konnte mich in einem Gespräch von etwas anderem überzeugen.

Immer wieder habe ich Seelsorgegespräche über Eheprobleme. Eines dieser Probleme kann z. B. sein: Die Ehefrau ist zermürbt über die schwierige Kommunikation mit ihrem Ehemann. Entweder schweigt er oder er schiebt die Schuld auf sie. Selten kann man ein Problem unkompliziert im Dialog lösen. Wie soll sie reagieren?

Nun ergeben sich erst einmal zwei Strategien: Sie gibt ihm Recht, lässt ihn machen, passt sich an, lässt ihn entscheiden. Schweigt, wenn er sie unfair anblafft.

Oder sie kämpft, lässt sich nichts gefallen, schlägt auf seine Schuldzuweisungen noch härter verbal zurück. So ergibt sich in beiden Strategien immer einen Gewinner und einen Verlierer. Eine dritte Strategie ist der zyklische Wechsel: Mal ergibt sie sich ihm, mal begehrt sie auf. Mal gewinnt er, mal gewinnt sie.

Jedenfalls allen drei Strategien ist gemeinsam: einer fordert, drängt, setzt sich durch und der andere ist der Verlierer oder auch der Schuldige usw.

Aber es gibt noch einen anderen Weg. Die Frau hält beständig daran fest, dass sie ihre eigenen Bedürfnisse ins Spiel bringt. Sie verdrängt ihre Werte und Bedürfnisse nicht. Und insbesondere bleibt sie beharrlich an ihrem Prinzip und Wert, dass die Bedürfnisse aller Beteiligten ins Spiel gebracht werden sollen. Deswegen versucht sie auch die Bedürfnisse ihres Mannes zu hören und aktiv im Gespräch aufzugreifen: Dir ist Sauberkeit wichtig. Du schätzt Pünktlichkeit. Du wünscht Dir mehr Verständnis. Usw.

Wenn ich diesen anderen Weg vorschlage, dann kommt eventuell von der Ehefrau: Ich habe das schon sooft probiert, ihm das nahe zu legen. Aber er dreht mir die Worte im Mund herum und dann bin ich wieder die Dumme, die Egoistin, die Schuldige. Was soll ich da noch machen? Der ändert sich nicht mehr!

Das klingt wie bei Paulus, aber ohne die zweite Satzhälfte: Von allen Seiten wird sie von ihrem Mann in die Enge getrieben; sie weiß weder aus noch ein.

Nun gibt es denn Satz: change it, leave it or love it! Verändere die Situation! (also rede mit Deinem Mann, dass Du die Beziehung anders willst!) ODER Verlasse die Situation! (also verlasse Deinen Mann!) ODER Akzeptiere die Situation, nimm sie an! (akzeptiere Deinen Mann! Lieb ihn, wie er ist, lass ihn, wie er ist!) Aber weiß sie wirklich, ob der Mann sich nicht ändert? Herr gib mir den Mut, die Dinge zu ändern, die ich ändern kann, die Gelassenheit, die Dinge anzunehmen, die ich nicht ändern kann, und die Weisheit, das eine vom anderen zu unterscheiden. Jedoch beim Partner müsste mir meine Weisheit sagen: Ich weiß es nicht genau. Ich weiß nicht, wie viel lernfähig er ist und wie viel nicht. Es gehört zum Respektieren des Andersseins des Anderen, dass ich annehme, dass ich es nicht genau weiß!

Der Vorschlag der GfK, beständig an den eigenen Bedürfnissen und Werten festzuhalten und beharrlich zu sein ohne zu fordern und zu drängen, das ist noch etwas anderes als change it, leave it or love it!

Es ist change it UND love it! Diese Kombination, dieses UND ist immer dann heilend und not-wendig, wenn es unmöglich ist, zwischen Love it or change it zu unterscheiden.

Aber wie kann man dieses UND leben?

Die gewaltfreie Kommunikation lebt dieses UND mit seinen zwei Seiten: Einerseits kann ich immer wieder sagen, was mir wichtig ist und den anderen bitten. Ich kann ihm vorschlagen mit der Bitte, wie er mein Bedürfnis bzw. meinen Wert jetzt in dieser Situation erfüllen kann. Ich kann andererseits ihm empathisch zuhören und nachfragen: Was sind seine Bedürfnisse? Was fühlt er gerade? Wie geht's ihm jetzt? Was wünscht er sich? Im Dialog kann man zwischen diesen beiden Seiten hin und her wechseln und so das UND leben.

Jedoch ich muss dieses UND auch innerlich versuchen zu leben: Ich versichere mich immer wieder meiner Bedürfnisse und Werte. Und versuche immer wieder neu und beharrlich, sie zu äußern. Ich gebe dem anderen immer wieder eine Chance. Das ist der Ort meines Einstehens für meine Werte.

Und andererseits brauche ich einen Ort des Seinlassens: Von diesem Ort schaue ich in Freiheit auf dem anderen. Wie er sich jetzt verhält – ich sehe es, und es ist, wie es ist. Es ist vielleicht nicht optimal für mich. Nicht das, was ich wünsche. Aber von diesem Ort aus, lasse ich ihn: Er kann Nein sagen. Er kann blöd reagieren. Er kann jetzt so bleiben, wie er ist. Von diesem Ort aus kann ich in der Situation immer wieder auch versuchen, den anderen empathisch zuzuhören.

Kenne ich diesen Ort? Kenne ich diesen gelassenen Blick auf den anderen – auch wenn ich auch in mir Ärger spüre? Gehe ich immer wieder zu diesem Ort?

Poetisch möchte ich sagen:

Die zwei Kammern meines Herzens. Zwei Kammern schlagen in meinem Herzen: Treue zu mir UND den anderen sein lassen. Ich weiß ja nie, wann und wie er sich wandelt, dazu lernt. Nur mit den zwei Kammern werde ich auch sehen, wenn er sich wandelt und dazu lernt! Und dann hat er es nicht aus Bedrängnis heraus getan!

Beides muss ich immer wieder kultivieren. Und beides darf ich auch auf mich anwenden. Auch mich mit meinen Versuchen und Endlichkeiten und Scheitern gütig sein lassen. Und trotzdem immer wieder neu anfangen: Ich mit mir selber!

Ja ich kann beide Seiten und das UND nur mit Gottes Kraft kultivieren. Ich werde immer wieder auch in diesem Kultivieren des UND scheitern. Wie Paulus sagt: „Diesen Schatz tragen wir in zerbrechlichen Gefäßen; so wird deutlich, dass das Übermaß der Kraft von Gott und nicht von uns kommt."

Dann mit der Kraft Gottes erleben wir immer wieder das UND, das die großartigen paradoxen Sätze, die nun folgen, ausdrücken:

„Von allen Seiten werden wir in die Enge getrieben und finden doch noch Raum;

wir wissen weder aus noch ein und verzweifeln dennoch nicht;

wir werden gehetzt und sind doch nicht verlassen;

wir werden niedergestreckt und doch nicht vernichtet."

Dieses UND gilt es in vielen Situationen zu leben, nicht nur im Eheleben. Denken wir nur an politische Aktionen: Wir wissen nicht, ob unsere politischen Aktionen etwas verändern, ob unser Einsatz für die Schöpfung etwas nützt usw. Aber wer nicht das UND versucht zu leben, verfällt entweder in Resignation, gefolgt von Zynismus oder Fatalismus. Oder er verfällt in Aktionismus und zerstörerischen Revolutionismus.

Alles tun, was ich kann, in Treue zu meinen Werten UND gleichzeitig den anderen nicht durch Macht zu überfahren. Dieses UND hat uns zum Beispiel Gandhi mit seinem gewaltlosen Widerstand vorgelebt.

Wir können das immer nur im Vertrauen auf Gott. Wie Teresa zu ihren Schwestern sagte: Einzahlen tun wir, die Bilanz macht ein anderer!

Eine gute Freundin hat diese Predigt gelesen und sie um einen wichtigen Gedanken ergänzt. Ihre Email ist eine wunderbare Zusammenfassung, die ich Ihnen nicht vorenthalten will:

Vielleicht muss man sogar das UND zwischen allen drei Teilen setzen: "leave it UND love it UND change it".

Das "leave it" ist hier: Verlasse den Kopf des anderen, seine Angelegenheiten, deine Erwartungen, Träume, das "Es muss" oder "Es darf nicht". Komme zurück zu dir, in die Gegenwart, zu Gott und werde dir erst einmal klar, was das eigentlich ist. Da muss man sich auch manchmal räumlich zeitweise zurückziehen, um innerlich Abstand und Klarheit zu bekommen. Das haben ja auch Elija, Jesus, Paulus, Ignatius usw. auch gemacht. Jesus hat sich immer wieder paar Stunden zum Gebet zurückgezogen.

Erst dann geht "love it". Erst dann kannst du es annehmen, wie es ist, erst wenn du weißt, wer du bist, was du brauchst und wenn du nicht mehr bewertest. Du verlässt eigentlich die Situation irgendwie, um sie zu lassen, wie sie ist, ohne zu gehen. Sprich: Du nimmst sie an.

Und erst dann wiederum geht "change it" gewaltlos. Erst wenn du sie nicht mehr ändern muss, weil du sie angenommen hast, indem du so weit zurückgetreten bist, dass du darin nicht zerrieben wirst, erst dann kannst du auch positive Impulse senden, die eine zwanglose Änderung einleiten können.

Andreas Bourani singt das so schön: "Sag, kennst du das auch, wenn du nicht mehr dran glaubst, wenn du nicht mehr suchst, bekommst du was du brauchst. Und dann folgst du deiner Stimme, dich lenken nur noch deine Sinne, weil du nichts vermisst." Im UND werden alle drei Teile werden weicher, liebevoller, verändern sich.

Alles tun, was ich kann, in Treue zu meinen Werten UND gleichzeitig den anderen nicht durch Macht zu überfahren. Wir können das immer nur im Vertrauen auf Gott. Wie Teresa zu ihren Schwestern sagte: Einzahlen tun wir, die Bilanz macht ein anderer!

Zusatz: Beispiele für Beharrlichkeit, ohne zu fordern.
1. Gewaltfreie Kommunikation – ein Beispiel: Ein Freund ist beharrlich, seinen Freund zu bitten, das Rauchen aufzuhören, ohne dass er ihn drängt und fordert. Siehe Rosenberg: Gewaltfreie Kommunikation, S. 106f.
2. The Work von Byron Katie: Wenn Byron Katie ein Gespräch nachspielt, will sie dieses UND verdeutlichen. Der andere darf in Freiheit so sein wie ich bin. Aber deswegen muss ich mich nicht verbiegen, ich kann mir auch treu bleiben.
3. Die Ich-Selbst-Aufstellung: Der gelassene Blick auf den anderen kann ich auch auf mich selbst anwenden. Eine Übung des spirituellen Therapeuten Essen kann diesen Ort des Seinlassens kultivieren. Essen arbeitet mit dem denkenden planenden Ich und dem Selbst, in dem der Heilige Geist und der Friede Gottes in uns wirkt. Man kann dies folgendermaßen durchführen: Es werden zwei Stühle aufgestellt und ein Gespräch zwischen Ich und Selbst einer Person findet statt. Erst setzt man sich auf den Ich-Stuhl und lässt sein denkendes, ängstliches, planendes Ich sprechen. Dann setzt man sich auf den Selbst-Stuhl und lauscht auf sein Selbst. Essen, S.: Selbstliebe als Lebenskunst. Ein systemisch-spiritueller Übungsweg, Heidelberg 2011, S. 46.

Traumatisierten mitfühlend begegnen (27 B)

Mk 10, 13-16

Kindern gehört das Reich Gottes. Jedoch welch unvorstellbarer Schrecken. Immer wieder müssen Kinder das Anti-Reich Gottes erleben müssen. Noch schlimmer: Die Missbrauchsskandale zeigten. Kinder mussten sogar in der Kirche das Anti-Reich von Gewalt, Missbrauch und Vertuschung erleben.

In Christ und Welt wurden einige Beispiele von leidenden Domspatzen vorgestellt: „Liebe, liebe Eltern, bitt ich möchte so, so, so gerne nach Hause. Bitte, bitte, schickt mir kein Päckchen. Ich möchte so, so, so gerne nach Hause. Holt mich gleich ab, wenn ihr den Brief gelesen habt und meldet mich beim Herrn Direktor ab, das wäre mein Geburtstagswunsch. Aber vergeßt den Koffer nicht. Ich muß immer, immer weinen. Und bezahlt gleich alles. Es ist besser so. Ich habe großes Heimweh. Ich warte in meinem Zimmer. Grüßt alle recht herzlich. Euer lieber Name"

Das ist ein Heimwehbrief eines Vorschülers (1967– 1969). Auf Druck des Direktors wurde sein Hilferuf offenbar von den Eltern ignoriert.

»Traf man beim Gesangsunterricht den gewünschten Ton nicht richtig, so bekam man mit der Faust eine ›Kopfnuss‹, die man noch nach Stunden spürte.« Vorschulkind, 1950er-Jahre

»Man durfte nachts und beim Essen nicht sprechen. Wenn man es doch tat, kam Herr H. dann nachts reingestürmt, hat das Bett vorgezogen, umgekippt und die Schüler geschlagen und getreten, auch in die Genitalien.« Vorschulkind, 1980er-Jahre

»Durch das ständige Ohrenziehen am rechten Ohr riss das Läppchen ab und ich hatte noch fünf Jahre nach dem Aufenthalt im Internat Probleme, weil es nicht verheilen wollte.« Opfer, 1970er-Jahre

»Dem ›hochwürdigen‹ Hr. M. als Ministrant in der Messe zu dienen war verbunden mit panischer Angst. Allein die unmittelbare Nähe, neben seinem Peiniger zu knien, war kaum zu ertragen.« Vorschulkind, 1960er-Jahre

»547 Domspatzen-Schüler wurden Opfer körperlicher und oder sexueller Gewalt« »Verantwortlich für die Taten sind 49 als hoch plausibel eingestufte Beschuldigte« Aus der Studie des Bistums Regensburg: »In der Vorschule dominierten Gewalt, Angst und Hilflosigkeit« »Nahezu alle Verantwortungsträger hatten zumindest ein Halbwissen über Gewaltvorfälle«[61]

Kinder, die mit ihren wunderschönen Knabenstimmen Menschen das Reich Gottes mit dem Weihnachtsoratorium von Bach oder einer Bruckner Messe verkündeten, mussten das Anti-Reich erleiden. Unfassbar! Ihre Peiniger – haben sie nie die Evangelien gelesen? Wer das heutige Evangelium nur einmal mit dem Herzen wirklich gelesen hat, kann Kinder nicht so misshandeln!

Es war gut und recht, dass die Missbrauchsskandale an das Licht der Öffentlichkeit kamen. Es verschafft hoffentlich den Opfern ein bisschen mehr Gerechtigkeit. Die öffentliche Wahrnehmung zu diesem Thema hat sich dadurch verändert. Menschen, die mit Kindern arbeiten, müssen nun ein erweitertes Führungsvorzeichen vorlegen. Also Lehrer, Trainer, Erzieher, Pfarrer, Zeltlagerleiter usw. Jedoch reicht das? Zum Glück sind nun auch Fortbildungen für die Prävention sexueller Gewalt verpflichtend.

Jedoch erweiterte Führungszeugnisse und eine Fortbildung reichen nicht! Ich glaube, wir müssen noch vielmehr an unserer inneren Haltung arbeiten.

Die Missbrauchsskandale haben auch gezeigt: Viele können es nicht glauben. „Was dieser Priester soll Kinder geschlagen oder sogar sexuell missbraucht haben? Der ist doch so nett! Der macht doch gute Arbeit! Das bildet sich der Mensch da ein!"

Einige wahre Geschichten:

Ein junger Priester erzählte seinem ehemaligen Chef: „Der Priester X hat die Frau Y über Jahre hinweg missbraucht. Ich betreue sie nun schon seit einigen Jahren intensiv mit

Seelsorgegespräche. Ich arbeite sogar mit Traumatherapie-methoden und lasse mich beraten von Experten." Der ältere Priester ist unfähig, richtig hinzuhören und behauptet in einer überheblichen Arroganz: „Das bildet sich die Frau ein." Was für eine Missachtung des Leids der Frau. Viele Missbrauchsopfer erzählen, wie schlimm es ist, wenn man ihnen nicht glaubt – insbesondere weil sie oft Jahre und Jahrzehnte brauchen, bis endlich sie etwas jemanden erzählen. Und was für eine Missachtung der Arbeit des jungen Priesters. Er verschwendet doch nicht über Monate hinweg jede Woche zwei Stunden Gesprächszeit für eine eingebildete Kranke!

Ein Pfarrer weiß, dass eine seiner Mitarbeiterinnen sexuell missbraucht wurde. Jedoch immer wieder macht er völlig deplatzierte sexuelle Bemerkungen wie: Was wäre, wenn ich jetzt ohne Hose vor Ihnen stehen würde! Die Frau ist immer wieder völlig verstört, muss sich dann mehrmals hintereinander ritzen, um die Bilder zu verdrängen, die hochkommen. Derselbe Pfarrer sagte auch bei der Pfarrereinführung eines jüngeren Kollegen im Vorraum zur Sakristei, in dem ein Kinderwagen stand: „Ist das dein Kind?" Dieser Pfarrer findet seinen Humor anscheinend witzig! Ich weiß nicht, wie es Ihnen geht. Ich finde diesen Humor abstoßend peinlich und verletzend. Seitdem er die Präventionsschulung gemacht hat, hält er sich mit solchen schlüpfrigen Bemerkungen zurück.

Als das Ehepaar Foster, deren Töchter von einem Priester mehrmals vergewaltigt wurden, mit dem Kardinal Pell aus Melbourne sprachen, zeigte dieser kein Bedauern. Kalt bot er Entschädigung an und forderte dafür Verzicht auf gerichtliche Klage. Er behandelte die Eltern, wie störende „Fliegen auf seiner Jacke".[62] Wie kann ein solcher Mann mit einem „soziopathischen Mangel an Mitgefühl" (so die Einschätzung von Mr. Foster) Kardinal werden?

All diese Beispiele zeigen: In der Kirche und in der Gesellschaft sind wir immer noch zu wenig sensibel für dieses Thema.

Insbesondere haben die allerwenigsten eine Ahnung, wie es den Betroffenen geht. Wir haben keine Ahnung, wie die inneren Kämpfe, die innere Dunkelheit, die innere Zerstörungswut, Selbsthass, Erschöpfung, Verzweiflung ausschauen in einem solchen Menschen.

Aber wir sollten es: Lehrer, Pädagogen, Pfarrer, Ärzte, aber auch wir alle – uns allen würde es gut anstehen, hier dazuzulernen. Damit wir sensibel reagieren können, wenn eine geschundene Seele uns begegnet, einige Andeutungen macht, sich seltsam verhält.

Wir schicken alle deutschen Schulklassen zu einer Klassenfahrt in ein KZ. Es ist gut so, dass wir die Schüler diese Schockerfahrung aussetzen. Ich möchte behaupten, dass ein junger Deutscher diese Erfahrung braucht, um ein Demokrat und Bürger für heute zu werden.

Wer in der Kindheit mehrmals vergewaltigt wurde und mit einem Kokon von Lügen und Drohungen eingewickelt wurde, damit er ja nichts erzähle, erlebte in einem freien Land seine ganz persönliche KZ-Zeit, die seine Seele tief verwundet! Und wer so einem Menschen sagt, das bildest Du nur ein, obwohl er nie richtig diesem Menschen zugehört hat, der verletzt erneut die geschundene Seele.

Wie können wir sensibel werden? Ich habe einen Vorschlag: Lesen Sie das Buch „Der Klang der Wut" von James Rhodes. James Rhodes ist inzwischen ein angesehener Konzertpianist. Er wurde mit sechs Jahren vom Turnlehrer vergewaltigt und das immer wieder über Monate hinweg, bis er die Schule wechselte.

Sein Buch ist eine Autobiographie und eine Liebeserklärung an die Musik.

Ich habe selten erlebt, dass ein Mensch mit mehr Verve und Begeisterung über Musik, über das Klavierspielen, über Komponisten und Stücke geschrieben hat. Und ich kenne kein Buch – und ich habe einige Bücher über Traumatherapie gelesen –, das so gut das Innenleben eines Missbrauchten beschreibt. Sie werden in dem Buch nichts direkt lesen über die Vorkommnisse. Aber Sie werden völlig die seelischen Leiden und die Folgen von innen her verstehen können.

Gerade weil die Musik James Rhodes heilte und gerade weil er beides kombiniert, seine wunderbaren Texte über Musik und seine ergreifenden Schilderungen seiner Irrungen und Wirrungen, ist dieses Buch letztlich ein versöhnliches und aufbauendes Buch. Ich muss Sie warnen: Er schreibt manchmal sehr rotzig! Aber das gehört zum Reinigungsprozess beim Schreiben. Damit entlädt er seine Wut, die man mit der Lektüre verstehen kann.

Wir dürfen nicht glauben, dass alles, was Missbrauchsopfer innerlich erleben, überhaupt etwas völlig anderes ist, als was „normale" Menschen erleiden. Natürlich ist z.B. Dissoziation, das völlige Wegtreten etwas Spezifisches. Aber vieles in ihnen ist so, dass sie die inneren Kämpfe der „normalen" nur in viel potenzierter Form, viel drastischer erleiden. James Rhodes schreibt z. B. „Tief innen habe ich noch heute, im Alter von achtunddreißig Jahren, wie die meisten von uns, dieses leere schwarze Loch in mir, das scheinbar nichts und niemand auszufüllen vermag. Ich nenne das Selbsthass. [...] dass ich viel zu wenig Zeit habe und alles verkacken werde, dass meine Freunde gegen mich intrigieren und ich keinem vertrauen darf, dass ich mit all meiner Kraft versuchen muss, mein Leben wieder klarzukriegen, obwohl es sowieso aussichtslos ist. Ich bin chronisch erschöpft. Es ist eine Art toxisches ICH – ätzend, allgegenwertig, alldurchdringend, negativ, alles Schlechte in sich vereinend."[63] So einen inneren Richter kennen viele von uns, nur wahrscheinlich in schwächerer Form.

Aber nun zwei hoffnungsvolle Beispiele. Eine Frau, die durch den Missbrauch in der Kindheit ein ähnliches toxisches ICH entwickelte, überwand ihn. Ich half ihr über Monate mit Traumabewältigungsübungen. Z. B. die inneren Kinder an einen sicheren Ort bringen. Sie stellte sich vor: Das Kind, das jenes schlimme Ereignis erlebte, also sie als Kind damals, wird von einem guten Helfer, bei ihr war es immer Maria die Gottesmutter, an einen sicheren Ort gebracht, wo das Kind heilen kann, spielen kann, beschützt ist. Nach vielen Verarbeitungsprozessen geschah es. Wir hatten schon länger diesen toxischen inneren Richter bearbeitet, ihm einen Namen gegeben, seine Argumente als widersprüchlich entlarvt usw. Dann aber geschah es: In der Vorstellung tackerte sie ihren inneren Richter an die Wand und schlug ihm den Kopf ab. Seit über 25 Jahren entdeckt sie nun, wie es ist, ohne diesen toxischen Richter zu leben. Eine große Heilung, eine große Befreiung!

Rhodes heilte insbesondere die Chaconne von Bach: „Aber mitten in diesem ganzen Schlamassel stieß mir etwas zu, dass mir – davon bin ich überzeugt – das Leben rettete. Es hat mich seither begleitet und wird das weiterhin tun, solange ich lebe."[64] „Als Kind finde ich also bei uns zuhause eine Tonbandkassette. Und auf der Kassette ist eine Liveaufzeichnung dieses Musikstücks." Die berühmte Chaconne aus Bachs 2. Partita für Violine umgesetzt für Klavier von Busoni. Bach schrieb dieses Werk nach dem Tod seiner ersten Frau. „diese Chaconne wurde zu meinem sicheren Ort. Wann immer ich ein beklemmendes Gefühl hatte (d.h. also immer, wenn ich wach war), spielte sie sich in meinem Kopf ab. Ihre Rhythmen wurden nachgeklopft, ihre Stimmen wieder und wieder durchgespielt, modifiziert, erkundet, ausgereizt. Ich stürzte mich kopfüber in sie, als sei sie ein musikalisches Labyrinth, dass ich, selig verirrt, entlang wanderte. Sie verführte mich zum Leben; ohne sie wäre ich schon vor Jahren gestorben, da habe ich gar keinen Zweifel."[65]

Warum der Irrweg? (24 C)

Lk 15,11-32

Der Sohn kehrt zurück, der Vater umarmt ihn. Nun lebt der verlorene Sohn wieder beim Vater, genauso wie vor seinem Auszug in die weite Welt?

Stirnrunzeln. Alles wieder beim Alten? Einfach Rückkehr zur ursprünglichen Harmonie?

Man kann diese Geschichte so lesen.

Jedoch welchen Sinn hat dann des Sohnes Auszug? Ein Fehlweg, eingesehen, verziehen, vergessen, wieder alles beim Alten! Dann wäre es doch besser gewesen, der jüngere Sohn wäre nicht weggegangen, wäre daheim geblieben! Er hätte sich die schlimme Krise ersparen können, die er erlitten hatte, als im Land Hungersnot herrschte!

Die Erzählung selbst stellt diese Deutung in Frage. Der ältere Sohn blieb ja brav beim Vater. Aber er ist weder dankbar noch weise. Vielmehr verstockt und engstirnig.

Der jüngere kommt verändert zum Vater zurück: Weiser, demütiger, mit Lebenserfahrung, dankbarer, weitsichtiger, einfühlsamer. Seine Fehlwege, seine Irrwege, sein Scheitern, seine Krise haben ihn reifen lassen.

Ist der Umweg nötig? Hätte der jüngere Sohn Weisheit, Demut, Dankbarkeit und Mitgefühl nicht auch beim Vater lernen können?

Der Philosoph Zizek hat sein Denken an der Dialektik Hegels geschult. In seiner großen Studie zu Hegels Philosophie betont er immer wieder: Der erste Versuch muss fehl gehen. Ich zitiere:

„Die „richtige Wahl" ist nur beim zweiten Mahl möglich, denn die erste Wahl schafft durch ihre Falschheit buchstäblich erst die Bedingungen für die richtige Wahl. Die Vorstellung, wir hätten schon beim ersten Mal die richtige Wahl treffen können und diese Gelegenheit einfach verpasst, ist eine rückwirkende Illusion."[66]

Wenden wir diesen Gedanken auf unser Gleichnis an: Dem jüngere Sohn kann nicht beim Vater bewusst werden, dass er bedingungslos geliebt wird. Noch mehr: Nur wenn der jüngere Sohn weggeht, wird auch dem Vater bewusst, dass er bedingungslos lieben kann und verzeihen kann.

Der jüngere Sohn kann nicht beim Vater Weisheit, Demut, Dankbarkeit und Mitgefühl lernen. Erst als er sich entscheidet, zurückzugehen und den Vater zu bitten, nur als Tagelöhner beim ihm arbeiten zu dürfen, versteht er, was es wirklich heißt, Sohn zu sein!

Erst als der Vater dem Sohn entgegengeht und ihn umarmt, versteht er, was es wirklich heißt, einen Sohn zu haben!

Der Sohn musste durch die erste Wahl hindurch, durch die Irrwege hindurch, durch Leid, Einsamkeit, Ohnmacht, Negation hindurch! Erst dann war ihm die richtige Wahl möglich!

Der Irrweg mit seinen Verwirrungen wird deswegen nicht grundsätzlich „rehabilitiert". Aber vielleicht ist grundsätzlich der Um-weg notwendig?

Der ältere Sohn macht nie einen Um-weg. Aber gerade deswegen bleibt er dumpf, unwissend, empfindungslos, verständnislos. Er ist eigentlich nicht im Paradies, weil er nicht merkt, dass er im Paradies ist.

Das bewusste Verbundensein mit allem, mit Gott, mit sich selbst und den Mitmenschen ist nur über den „Um-weg" möglich, dass Ich mich selbst suche, abgrenze usw.

Kinder werden geboren, nabeln sich ab, entfernen sich immer mehr von der wohligen Heimat bei den Eltern. Das beginnt schon im Kindergarten und sollte spätestens bei der Ausbildung oder Studium geschehen. So wie sich Kinder vom Elternhaus abnabeln, um dann als Erwachsene dankbar sein zu können, so müssen wir auf noch grundsätzlicher Weise aus einem völlig unbewussten Verbundensein mit allem, das wir vielleicht als Embryo haben, aussteigen.

Nochmals Zizek: „Das „Zurückkommen" zum verlorenen oder verborgenen Grund produziert, wie Hegel selbst in der Logik schreibt, im Reflexionsprozess das, zu dem es zurückkommt. […]

dass (um Hegel zu paraphrasieren) das Zurückkommen zur (die Wiederentdeckung der) ewigen Wahrheit diese Wahrheit erst erzeugt."[67]

Der jüngere Sohn lässt in der Rückkehr zum Vater das Reich Gottes in seinem Leben entstehen. Der ältere Sohn ist nicht im Paradies, weil er nicht merkt, dass er im Paradies ist. Der jüngere Sohn wird bei der Rückkehr ins Reich des Vaters aufgenommen. Aber jetzt erst kann er verstehen, was es heißt, aus dem Vater leben. Dies kann er aber nur über den Umweg, mit seinen unterschiedlichen Irrwegen, verstehen. So mancher Irrwege mag zu viel des Guten sein, jedoch der Umweg ist unumgänglich, um das Reich Gottes im eigenen Leben wachsen lassen zu können.

Leicht verändert und auf das Gleichnis gemünzt können wir mit Zizek sagen: Das Zurückkommen des verlorenen Sohns produziert im Reflexionsprozesses des Sohnes erst die gute Verbindung zum Vater. Im Rückblick erscheint dem jüngeren Sohn das Zurückkommen als Wiederherstellung des tragenden Grundes. Und doch ist es gleichzeitig die bewusste Erschaffung desselben. Denn genau das fehlt dem älteren Sohn völlig!

Vielleicht ist wirklich nicht nur der Umweg, sondern auch der Irrweg unumgänglich. Der jüngere Sohn muss auf irgendeine Weise durch das Tal der Negation und der Ohnmacht, um die Verbindung zum Vater aufzubauen. Oder wir sagen: um zum Vater zurückzukehren bzw. überhaupt erst bewusst zum Vater zu kommen.

Ein Spielsüchtiger, der seine Sucht überwunden, sagte in einer Runde: Ich bin spielsüchtig. Ich bin dankbar, dass ich spielsüchtig bin. Ich bin durch die Hölle gegangen. Aber erst durch diese Erfahrungen habe ich gelernt, was wirklich wichtig im Leben ist. In dieser Tiefe konnte ich das anscheinend nur verstehen, weil ich durch diese Höllen gegangen bin!

Mit der ersten Wahl können wir nicht das Richtige wählen! Der Umweg ist unumgänglich! Ja irgendwie ist auch das Tal der Ohnmacht not-wendig! Nur so können wir unsere Beziehung zum

Vater bewusst aufbauen. Uns wird es wie eine Rückkehr und eine Wiederentdeckung vorkommen. Mysterium des menschlichen Lebens: Denn in ihm leben wir, bewegen wir uns und sind wir! Und diese Geschichte schaut bei jedem Menschen anders aus!

Drei Zugänge zu Philosophien und Theologien

Welches Buch haben Sie zuletzt gelesen? Wann hat Sie das letzte Mal ein Buch begeistert? Welches Buch hat Ihr Denken, Ihr Weltbild, Ihren Glauben verändert?

Welches Buch haben Sie erst nicht verstanden... Sie haben es weggelegt... Doch nach paar Monaten oder Jahren haben Sie es wieder zur Hand genommen und plötzlich hatten Sie ein gutes Beispiel im Kopf, mit dem Sie den Gedankengang besser verstanden. Oder Sie ahnten viel deutlicher, auf was der Autor hinaus will. Ja theologische, philosophische oder auch spirituelle Bücher können schwer zu lesen sein. Jedoch: Es ist eine besondere Art der Freude, wenn man etwas versteht, wenn man einen Gedankengang, eine Theorie, ein Weltbild durchdrungen hat, wenn vor dem geistigen Auge das Ganze eines philosophischen oder theologischen Gedankens einem klar wird! Diese Freude: Ja, jetzt habe ich es kapiert! Dieses Aha-Erlebnis eröffnet mir neue Sichtweisen, neue Verständnisweisen, ja manchmal sogar neue Lebens- und Handlungsmöglichkeiten.

Es lohnt sich also, sich mit Denkern zu beschäftigen. Seien es Theologen, Philosophen, Wissenschaftler aber auch spirituelle Autoren oder Dichter können uns solche Aha-Erlebnisse bereiten. Aber mich als Theologen interessieren verständlicherweise Theologen, Philosophen und spirituelle Autoren am meisten.

Wer Lust auf die Freude des Aha-Erlebnisses hat, wer sein Denken und seine Sichtweisen erweitern möchte, dem empfehle ich drei Strategien. Sie können einem gerade auch dann helfen, wenn man sich bei der Lektüre fragt: Was will er eigentlich? Wenn Sie vielleicht beim Lesen den Wald vor lauter Bäumen nicht sehen.

Die erste Strategie: Gegnerische Position Fragen Sie sich, wogegen wendet sich der Theologe bzw. Philosoph? Wer sind seine Gegner? Was ist die Position, die er bekämpfen oder überwinden möchte? Welche Nachteile sieht er in dieser

Position? Was übersehen die Gegner, das der Denker nun betonen möchte? Welche Widersprüche bei den Gegnern provozieren ihn, diese Position abzulehnen? Henri Bergson betonte: Oft beginnt ein Denker mit der Ahnung, dass es so nicht gehen kann. Die Intuition zeigt sich oft erst einmal in einer Abwehrbewegung: So nicht! Ich will das anders durchdenken!

Wenn wir einen Denker studieren, sollten wir also nach den Gegnern fragen. Wir stoßen dann oft zu ersten Impulsen des Denkers. Das Denken Jesu zeigt sich deutlich in seinen Streitgesprächen mit den Pharisäern. „Der Sabbat ist für den Menschen da!" Paulus kämpft in seinen Briefen Pseudoapostel, die seine Autorität in Frage stellen oder Heidenchristen überreden wollen, sich beschneiden zu lassen. Seine Gnadentheologie zeigt sich deutlich, wenn er gegen seine Gegner argumentiert.

Manchmal gibt es auch zwei Positionen, die im gegensätzlichen Streit legen, und der Denker merkt: Die für mich richtigere Lösung des Problems, die bessere Sichtweise liegt jenseits dieser beiden sich bestreitenden Positionen.

Entsteht evolutiver Fortschritt nur durch Zufall oder gibt es einen göttlichen Lenker, der einen festen Plan umsetzt? Henri Bergson empfand beide Positionen als nicht stichhaltig und entwarf in seinem Werk „Schöpferische Entwicklung" eine Sichtweise jenseits von darwinistischer Evolution oder Kreationismus.

Sind wir bei Geburt ein leeres Blatt, und unser gesamtes Wissen baut sich aus unseren Erfahrungen auf, die wir durch unsere Sinne machen können? So der Empirismus. Oder können wir nur in unserer Vernunft und nicht in unseren Sinnen einen festen Halt finden und müssen in unserem Geist nach der Wahrheit suchen? So der Rationalismus. Immanuel Kant überwindet dieses Entweder – Oder: „Ohne Sinnlichkeit würde uns kein Gegenstand gegeben, und ohne Verstand keiner gedacht werden. Gedanken ohne Inhalt sind leer, Anschauungen ohne Begriffe sind blind."

Die zweite Strategie: Wie schaut der Grundgedanke in einer Skizze aus? Kannst Du das Wesentliche durch Begriffe, Pfeile, räumliche Anordnung aufzeigen?

Heute hat man dafür einen englischen Begriff: „Mindmap" – Eine Karte, eine Skizze, die den Gedanken auf einen Blick aufzeigt. Ich habe einige Denker erst dann richtig verstanden, als ich eine solche Skizze ihres Systems in einem Buch entdeckte. Als ich dann diese Skizze im Kopf hatte, verstand ich plötzlich viel mehr, wenn ich den Denker las.

Wenn Sie z. B. den dtv-Atlas Philosophie in die Hand nehmen, können Sie das schnell nachvollziehen: Auf der linken Seite wird der Gedankengang in einer Skizze, in einem Bild, in einem Diagramm dargestellt und auf der rechten Seite mit einem Text erklärt. Beide Seiten ergänzen sich und der Leser versteht die jeweilige Philosophie schneller als durch reinen Text.

Ein theologisches Beispiel: Wenn wir Kinder bitten, den Himmel zu malen, dann ist der Himmel oben, die Erde unten. Aber bei einem erwachsenen Glauben ist der Himmel nicht oben und Gott sitzt nicht auf einer Wolke. Der Dogmatikprofessor Simonis, der in Würzburg lehrte, sagte öfters in der Vorlesung: Der Himmel ist die Innenseite des Kosmos! Mit diesem Satz erschafft der Theologe in unserem Geist eine neue Skizze. Der Himmel ist nicht oben. Er ist überall. Der Himmel ist die Innenseite der materiellen Welt.

Jesus hatte keine Tafel oder Flipchart, um mit einem Edding-Stift seine Gedanken zum Reich Gottes seinen Jüngern zu skizzieren. Aber das brauchte er auch nicht. Mit seinen Gleichnissen malte er eine Skizze im Kopf seiner Zuhörer. Da ist im Weizenfeld Unkraut. Sollen wir es herausreißen? Nein, sonst reißt ihr noch den guten Weizen heraus. In uns Zuhörer entsteht das Bild: Eigentlich möchte ich mich bücken und das Unkraut herausreißen. Und mir kommt gleich der Alltag in den Sinn: Eigentlich möchte ich jetzt streng diesen Mitmenschen die

Leviten lesen und ihm die Ohren lang ziehen. Jedoch Jesus lädt mich zur Haltungsänderung ein: Geduld und Barmherzigkeit. Oder das Gleichnis vom Senfkorn: Klein beginnt es und wird ein schöner großer Strauch. Auf der Tafel könnten wir ein Diagramm malen: Links unten beginnt das Reich Gottes, ganz klein; und dann wächst es und wird größer. In der Zeitleiste gehe ich nach rechts. Ganz rechts kann ich einen großen Strauch malen. Jesus malt mit seinen Gleichnissen uns Skizzen in unserem eigenen Geist: Ein Mindmap-Maler erster Klasse!

Die dritte Strategie: Erzähle ein Beispiel! Wie schaut die Theorie, die Gedanken angewendet "im Leben" aus? Allgemeine Begriffe werden oft erst richtig mit einem Beispiel verständlich. Z. B. Schulz von Thun beschrieb vier Aspekte bei einer Aussage: den Sachinhalt, die Selbstkundgabe, der Beziehungshinweis, der Appell. So ungefähr verstehen wir die Begriffe. Aber diese Einteilung in vier Aspekte wird es durch ein Beispiel verständlich. Außerdem erkennt man an einem Beispiel den Wert und die Anwendungsmöglichkeiten. Welche Botschaft enthält der Satz: „Schatz, die Ampel wird grün!"? Und welche Botschaft hört die Frau? Der Sachinhalt ist einfach: Die Ampel wird grün! Der Appell: Du kannst jetzt losfahren! Aber schwingt auch eine Selbstkundgabe mit? „Ich bin ungeduldig! Ich muss schnell zur Arbeit!" Oder ein Beziehungshinweis? „Du kannst nicht Autofahren! Du verpennst sogar eine grüne Ampel!" Wenn die Partnerin das hinter seinem Satz vermutet, dann ist ein Streit vorprogrammiert! Mit einem Beispiel werden Schulz von Thuns Begriffe als wertvolles Instrument, um Gespräche besser zu verstehen, schnell einsichtig. Das gilt für viel Theorien: Mit Beispielen verstehen wir sie lebendiger und erkennen, wozu sie nützlich sein können.

Erzähle ein Beispiel! Sie machen auch unseren Glauben lebendig. Wie beeindruckend ist es, wenn einer erzählt, dass er nach Wut und Zorn doch vergeben konnte. Er spürte in diesem Wandel das Wirken der Gnade im Rückblick. Oder wie beeindruckend ist es, wenn jemand von seiner Mutter erzählt: Sie hat immer wieder auch mit dem Glauben gehadert. In der Woche, in der sie starb, sagte sie zu ihrem Sohn: Ich habe keine Angst! Ich weiß, wo ich hingehe! Ich spüre sie jetzt schon, die bedingungslose Liebe Gottes!

Die Bibel ist voll von Beispielen, wie der Glaube Menschen verändert hat. Und insbesondere Jesus wusste: Er verkündet nicht nur das anbrechende Reich Gottes! Er streitet nicht nur mit seinen Gegner über den rechten Glauben und die rechte Haltung! Er malt nicht nur Mindmaps vom Reich Gottes mit seinen Gleichnissen! Er lässt das Reich Gottes beispielhaft erleben: Mit ihm bricht das Reich Gottes an! Und das zeigt Jesus durch echte Beispiele: Zöllner ändern ihren Lebensstil und werden freigiebig, römische Hauptmänner kommen zum Glauben, Aussätzige werden geheilt, Dämonen werden ausgetrieben, Dirnen erleben Menschenwürde, Pharisäer ändern ihre Meinung und fragen ihn nach dem Glauben.

Meinen eigenen Glauben mit den drei Strategien erkunden

War das nun eher eine Philosophiestunde? Wenn ich auch von der Frage ausging, wie man sich Denkern nähern kann, so kann ich das auch auf mich selbst und meinen Glauben anwenden.

Kinder oder Enkel fragen Sie vielleicht: Wo wohnt Gott? Spürst Du Gott manchmal? Warum gehst Du in die Kirche? Usw. Oder auf einer Party schlittert man in ein religiöses Gespräch und jemand behauptet: Man sollte Religionen abschaffen, weil sie mehr Krieg als Frieden schaffen! Was sagen Sie dann?

Da können diese drei Strategien wertvoll sein, um sich des eigenen Glaubens nochmals zu vergewissern und klarer Antwort geben zu können.

1. Wogegen wendet sich mein Glauben? Welche Vorstellung, welches Gottesbild, welches Menschenbild, welches Weltbild lehne ich mit meinem Glauben ab?

2. Kann ich meine Vorstellungen zu einer Glaubensfrage auf ein Blatt skizzieren? Wie hängen bei mir die wichtigsten Begriffe zusammen?

3. Welche Beispiele kann ich erzählen, um meinen Glauben zu verdeutlichen? Vielleicht Beispiele aus meinem Leben? Meine eigene Lebenserfahrung?

Weitere politische Predigten in anderen Predigtbüchern

Predigten zum Lesejahr A
1. Adventssonntag: Offene Augen für die Realität - gegen sozialen und kirchlichen Doketismus.
4. Ostersonntag: Kurze Erzählung vom Antichrist von Solowjew
10. Sonntag im Jahreskreis: Prinzipen der katholischen Soziallehre
27. Sonntag im Jahreskreis: Umwelt und Technik - neue ethische Herausforderung
29. Sonntag im Jahreskreis: Moderne Wirtschaft nach Goethes Faust II
33. Sonntag im Jahreskreis: Ein Gleichnis vom brutalen Kapitalismus

Predigten zum Lesejahr B
1. Adventssonntag: Utopie und Prophetie.
3. Adventssonntag: Postwachstumsgesellschaft
12. Sonntag im Jahreskreis: Wirtschaftskrisen
29. Sonntag im Jahreskreis: Der Weg Jesu angesichts der Ungerechtigkeit
32. Sonntag im Jahreskreis: Die Frage nach Hobbes Urzustand und das Paradox der armen Witwe
Christkönig: Hoffnung auf mehr Frieden?

Predigten zum Lesejahr C
1. Weihnachtsfeiertag: Jesus und Bischof Ketteler
5. Fastensonntag: Sündige Systeme – Einsichten des Theologen Walter Wink
3. Ostersonntag: Theologie der Arbeit
25. Sonntag im Jahreskreis: Untreuer Verwalter und Demokratie
26. Sonntag im Jahreskreis: Soziale Ungerechtigkeit

15 Predigten zum Enneagramm und 40 weitere Predigten
Gescheiterte Unkrautbeseitigung: Von der Prohibition und
Sozialdarwinismus (16. So A)
Kants „Zum ewigen Frieden", Demokratie und die Europäische
Union (17. So B)
Die Theologie der Märkte (25. So C)
Erlassjahr 2000 (25. So C)
Über die Weltwirtschaft und soziale Gerechtigkeit (26. So C)
Widersprüche als Motoren der Geschichte, Widersprüche und
Chancen in Religionen (29. So A)
Fünf Lehren aus dem I. Weltkrieg (29.So B)
Frank Richter wagt das Gespräch (31. So C)
Die Weltsicht der US-Republikaner: Das „strenge Vater"
Modell (33. So A)

Exerzitien der Nächstenliebe
37. Woche: Zwischen Angriff und Erdulden
41. Woche: Die Logik der Gewalt

Anmerkungen:

[1] Zizek, S.: Denn sie wissen nicht, was sie tun, Wien 2008, S. 200.
[2] Whitehead, A.: Prozeß und Realität. Entwurf einer Kosmologie, Frankfurt/M. 1987,S.618.
[3] Spiegel 23/2017
[4] ZEIT online 1. Juli 2017
[5] Spiegel 23/2017
[6] Mishra, P.: Das Zeitalter des Zorns, Frankfurt a. M. 2017, S. 242.
[7] Vgl. Mishra, P.: Das Zeitalter des Zorns, Frankfurt a. M. 2017, S. 243.
[8] Mishra, P.: Das Zeitalter des Zorns, Frankfurt a. M. 2017, S. 248.
[9] Mishra, P.: Das Zeitalter des Zorns, Frankfurt a. M. 2017, S. 310.
[10] Stegemann, B.: Das Gespenst des Populismus, Berlin 2017, S. 142.
[11] Vgl. Mishra, P.: Das Zeitalter des Zorns, Frankfurt a. M. 2017, S. 321.
[12] Mishra, P.: Das Zeitalter des Zorns, Frankfurt a. M. 2017, S. 330.
[13] Ritter, J.: Metaphysik und Politik, Baden-Baden 2003, S. 329.
[14] Ritter, J.: Metaphysik und Politik, Baden-Baden 2003, S. 334f.
[15] Ritter, J.: Metaphysik und Politik, Baden-Baden 2003, S. 339.
[16] Mishra, P.: Das Zeitalter des Zorns, Frankfurt a. M. 2017, S. 198.
[17] Vgl. Bernd Ulrich in ZEIT 20/16: Die linken Parteien müssen mehr für soziale Gerechtigkeit kämpfen.
[18] Hegel, G. W. F.: Phänomenologie des Geistes, Stuttgart 2016, S. 385.
[19] Srnicek, N.; Williams, A.: Die Zukunft erfinden, Berlin 2016, S. 103
[20] Srnicek, N.; Williams, A.: Die Zukunft erfinden, Berlin 2016, S. 103.
[21] Srnicek, N.; Williams, A.: Die Zukunft erfinden, Berlin 2016, S. 103
[22] Srnicek, N.; Williams, A.: Die Zukunft erfinden, Berlin 2016, S. 105f.
[23] Srnicek, N.; Williams, A.: Die Zukunft erfinden, Berlin 2016, S. 107
[24] Srnicek, N.; Williams, A.: Die Zukunft erfinden, Berlin 2016, S. 108
[25] Vgl. ZEIT 35/17 S 21. Der Stern des Neoliberalismus sinkt.
[26] Misereor Infopaket Enzyklika: Die Sorge um die Erde als das Gemeinsame Haus. Markus Büker: Erste Beobachtaungen, S.3.
[27] Giesecke, D; Hebert, S.; Welzer, H.: FuturZwei Zukunftsalmanach 2017/18, Frankfurt a. M. 2016, S.2.
[28] Giesecke, D; Hebert, S.; Welzer, H.: FuturZwei Zukunftsalmanach 2017/18, Frankfurt a. M. 2016, S. 5
[29] Vgl. Giesecke, D; Hebert, S.; Welzer, H.: FuturZwei Zukunftsalmanach 2017/18, Frankfurt a. M. 2016.
[30] Giesecke, D; Hebert, S.; Welzer, H.: FuturZwei Zukunftsalmanach 2017/18, Frankfurt a. M. 2016, S.23.
[31] Vgl. Srnicek, N.; Williams, A.: Die Zukunft erfinden, Berlin 2016, S. 119
[32] Vgl. Srnicek, N.; Williams, A.: Die Zukunft erfinden, Berlin 2016, S. 118

[33] Srnicek, N.; Williams, A.: Die Zukunft erfinden, Berlin 2016, S. 124.
[34] 13. Sept in: Als Christ in den Tag
[35] Vgl. Stegemann, B.: Das Gespenst des Populismus, Berlin 2017, S. 57.
[36] Stegemann, B.: Das Gespenst des Populismus, Berlin 2017, S. 59.
[37] ZEIT 09/2017
[38] Stegemann, B.: Das Gespenst des Populismus, Berlin 2017, Anm.39 S.176.
[39] Stegemann, B.: Das Gespenst des Populismus, Berlin 2017, S. 121
[40] ZEIT 09/2017
[41] Stegemann, B.: Das Gespenst des Populismus, Berlin 2017, S. 122.
[42] Stegemann, B.: Das Gespenst des Populismus, Berlin 2017, S. 122.
[43] Stegemann, B.: Das Gespenst des Populismus, Berlin 2017, S. 88
[44] Stegemann, B.: Das Gespenst des Populismus, Berlin 2017, S. 49f.
[45] Stegemann, B.: Das Gespenst des Populismus, Berlin 2017, S. 69
[46] Vgl. Stegemann, B.: Das Gespenst des Populismus, Berlin 2017, S.49.
[47] Vgl. Stegemann, B.: Das Gespenst des Populismus, Berlin 2017, S121
[48] ZEIT 23/2017, S.15
[49] Dreyfus, H.; Kelly, S. D.: Alles, was leuchtet, Berlin 2014, S.232.
[50] Dreyfus, H.; Kelly, S. D.: Alles, was leuchtet, Berlin 2014, S.230.
[51] Dreyfus, H.; Kelly, S. D.: Alles, was leuchtet, Berlin 2014, S. 241.
[52] Bergson, H.: Philosophie der Dauer. Textauswahl von Gilles Deleuze, Hamburg 2013, S. 19
[53] Von Stefan Weidner DIE ZEIT 29/2017
[54] Lüders, M.: Wer den Wind sät, München 2015, S. 10f
[55] Lüders, M.: Wer den Wind sät, München 2015, S. 26
[56] Lüders, M.: Wer den Wind sät, München 2015, S. 41
[57] Lüders, M.: Wer den Wind sät, München 2015, S. 46.
[58] Von Andrea Böhm DIE ZEIT 25/2017
[59] Dossier ZEIT 16/17
[60] Vgl. Zizek: Wir erleben einen Veitstanz des globalen Kapitalismus. Und der bringt den Populismus so richtig in Schwung, in ZEIT 22/17, S. 39: „in dem Moment jedoch, in dem wir akzeptieren, dass wir auf einer bedrohten Erde leben, drängt sich uns die gegenteilige Aufgabe auf, die Kulturen zu zivilisieren, universelle Solidarität und Zusammenarbeit durchzusetzen"
[61] Alle Zitate aus Christ und Welt 31/17
[62] Vgl. Christ und Welt 30/17
[63] Rhodes, J.: Der Klang der Wut, München 2016, S. 30f
[64] Rhodes, J.: Der Klang der Wut, München 2016, S. 55
[65] Rhodes, J.: Der Klang der Wut, München 2016, S. 61
[66] Zizek, S.: Weniger als nichts, Berlin 2014, S. 637.
[67] Zizek, S.: Weniger als nichts, Berlin 2014, S. 640.